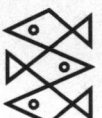

Zu diesem Buch

Zunächst Mitglied des »George-Kreises«, dessen Impulse und Zwänge sich in Teilen seiner Schriften durchaus ausgedrückt haben, hat Gundolf sich später von dem Deutungsreglement des »Kreises« gelöst und als Wissenschaftler erstaunlich eigene Wege beschritten. »Vielleicht ist die Zeit reif«, schreibt Ulrich Raulff in seinem Nachwort zu diesem Band, »für einen neuen Versuch mit diesem wunderlichen Historiker und gedankenreichen Mann. Wie wenige andere, nicht nur zu seiner Zeit und nicht nur in seinem Land, hat er ein Gespür für die ›Realitäten‹ entwickelt, welche zwischen den Subjekten und den Objekten der historischen Erkenntnis, zwischen den Forschern der Gegenwart und den Menschen und Dingen der Vergangenheit stehen, sprachliche und ikonische Prägungen, Gedächtnis und Überlieferung. Nicht ein Feind der Historie spricht aus seinen Texten, sondern ein Feind jenes Positivismus der Historiker, der nicht sehen wollte, daß die ›Fakten‹ nicht diesseits der Überlieferung zu haben waren und die Historiographie nicht das Ganze des in den Sprachen lebendigen Gedächtnisses der Völker repräsentierte, sondern nur einen Teil davon – allerdings einen Teil, den er wie wenige andere Gattungen der Literatur kannte und liebte.«

Das läßt sich an Gundolfs Studie über die deutsche Geschichtsschreibung nachprüfen, die, Fragment geblieben, 1938 in Amsterdam erschienen war und jetzt in einer Neuausgabe vorgelegt wird.

Der Autor

Friedrich Gundolf, geboren 20.6.1880, gestorben 12.7.1931, war Professor in Heidelberg. Wichtige Werke: *Shakespeare und der deutsche Geist*, 1911; *Goethe*, 1916; *Shakespeare*, 2 Bde., 1928, *Romantiker*, 2 Bde., 1930-1931.

FRIEDRICH GUNDOLF

Anfänge
deutscher Geschichtsschreibung
von Tschudi bis Winckelmann

Aufgrund nachgelassener Schriften
Friedrich Gundolfs
bearbeitet und herausgegeben
von Edgar Wind

Mit einem Nachwort zur Neuausgabe
von Ulrich Raulff

FISCHER TASCHENBUCH VERLAG

FISCHER WISSENSCHAFT

Ungekürzte Ausgabe
Veröffentlicht im Fischer Taschenbuch Verlag, GmbH,
Frankfurt am Main, September 1992

Copyright 1938 by Verlag Elsevier, Amsterdam
Veröffentlicht mit freundlicher Genehmigung des
Friedrich Gundolf Archivs, Institute of Germanic Studies,
University of London
Für das Nachwort von Ulrich Raulff:
© Fischer Taschenbuch Verlag GmbH, Frankfurt am Main 1992
Umschlaggestaltung: Buchholz / Hinsch / Hensinger
Gesamtherstellung: Clausen & Bosse, Leck
Printed in Germany
ISBN 3-596-11241-9

Inhalt

Elisabeth und Friedrich Gundolf

Vorwort

Die Schrift ist das Fragment eines Buchs, das Gundolf im Frühjahr 1931 kurz vor seinem Tode begann. Er nannte es »Deutsche Geschichtschreiber von Herder bis Burckhardt«. Das vorhandene Stück ist die Einleitung, auch sie unvollendet. Da der Hauptteil des Buchs nicht zur Ausführung kam, schien es geboten, auf den ursprünglichen Titel zu verzichten. In dem neuen Titel ist der Ausdruck »Deutsche Geschichtschreibung« in dem Sinn zu verstehen, den Gundolf ihm am Anfang dieser Arbeit gibt: Geschichtschreibung in deutscher Sprache.

Einige Korrekturen und Kürzungen mussten durchgeführt werden, wie Gundolf sie für den Druck seiner früheren Schriften selbst vorgenommen hatte. Sie wurden, ebenso wie die Durchsicht der Zitate, von den Herausgebern besorgt, die auch für die Überschriften der einzelnen Abschnitte verantwortlich sind. Die Anmerkungen am Schluss enthalten die Nachweise der Zitate.

I

Geschichtsschreibung

Die Geschichtsschreibung ist ein wesentlicher Teil der Literatur überhaupt. In unsren literarischen Handbüchern oder Vorlesungen besonders der neueren Zeit kommt sie gewöhnlich zu kurz, weil man (und auch das wieder besonders in Deutschland) sie hier meist zur Wissenschaftsgeschichte gerechnet hat und die Geltung ihrer Träger fast ausschliesslich bestimmt wurde von ihren Beiträgen zur Geschichtsforschung, von ihrem Verfahren in der Erschliessung neuer Akten, sogenannter Quellen, oder auch nur von den Zufällen, die ihnen den Ruf von Entdeckerscharfsinn und Erschliesserfleiß brachten. Der neue Stoff oder die neue Methode waren gewöhnlich die Wertmaßstäbe für die Beurteilung der historischen Literatur. Gewiß sollen nun diese Maßstäbe nicht abgelegt oder auch nur für minder wichtig erklärt werden. Doch mehr als bisher sollten die Historiker auch in der deutschen Literaturgeschichte angesehn werden auf ihre bildschaffende Kraft, die bestimmt wird durch ihr gesamtmenschliches Sehertum, wovon das wissenschaftliche Merken, Sammeln und Ordnen nur eine Einzelfunktion ist, und durch ihre Gabe, ihre Gesichte und Wahrnehmungen sprachlich kund zu machen. Der Ruhm der grossen antiken Geschichtsschreiber kommt ihnen auch als Darstellern, als Schriftstellern und Redekünstlern, eben als Geschichts*schreibern* zu. Der Vater der Geschichte heisst derjenige Erd-durchfahrer, Land- und Menschenforscher, der den Musen sein Werk zugeeignet und eine neue Gattung der menschlichen Redekunst damit eröffnet hat, daß er gewissenhaft Erkundetes dem inneren Auge deutlich vergegenwärtigt hat durch das Wort: Herodot. Er war ein Grieche und hatte noch Mühe, einen Sinn unabhängig von den Sinnen, vom Gesicht auch nur zu denken. Wo aber Sicht und Sinn noch gemeinsam empfangen werden, da ist das Wort zugleich Bildgebung und Deutung, das heisst mythisch. In den Zeiten vor Herodot genügte die epische Dichtung, vor allem des Homer, den beiden Pflichten oder Gnaden, woraus der Bericht vergangener Geschehnisse, Ereignisse, Taten, Leiden sich dem zeit- und raumvernehmenden Menschen aufgedrängt hatte. Mit der Erweiterung, Aufhellung und Zersplitterung der Welt, mit ihrer Zusammenfassung und Zivilisation im Hellenismus und im Römerreich, mit der Verselbständigung aktiver oder kontemplativer Einzelpersonen vervielfältigten sich die historischen Gattungen und entfernten sich von den mythischen Ursprüngen. Die beiden Extreme der antiken Geschichtsgattung sind die Memoiren und die Universalhistorien, Caesar und Diodor. Was mit dem Erwachen der Historie in Herodot anhub, vollendete sich mit ihrem Entschlummern, mit ihrer Aufhebung in die Vorsehung durch die Geschichtsphilosophie Augustins.

Ich muß davon reden, weil die antiken Gattungen bis auf den heutigen Tag nachwirken, als verdeutlichende Urbilder, als nachgeahmte Vorbilder, als überwundene Gegenbilder und (mindestens in der Zeit, die ich in dieser Arbeit behandle, bei allen wichtigen Autoren) als stilistische Muster und Meister oder wenigstens als Erscheinungen, woran sich die Begeisterten versahen. Alle entscheidenden deutschen Historiker des 18. und 19. Jahrhunderts, insbesondere Herder, Johannes von Müller und Ranke, wollten nicht nur unbekannte Tatsachen zu Tage fördern oder neue Wertdeutungen geben, sondern auch auf den Spuren mehr oder minder straff vorgehaltener antiker Klassiker als Historiker die deutsche Sprache kunstvoll meistern. Herder, der reichste und tiefste aller Geschichtsdenker der Christenheit, lässt in dem drängenden Überschuß, in der Unrast und dem Ungenügen seines Geistes das stilistische Bestreben öfters vergessen. Lebendig war es auch ihm. Da er der eigentliche Begründer und Prophet der Genielehren, der Wachstumsursprünge, der Originalitätsforderungen war, so hat er nicht derart wie die klassizistischen Rationalisten, deren Herrschaft er endgültig entthronte, auf Muster und Regeln gedrungen. Doch sein Statthalter in der eigentlichen Historie, der Begründer der zugleich wissenschaftlichen und künstlerischen Geschichtsschreibung, Rankes nächster und grösster Vorgänger und – was man meist unterschätzt hat – sein zuerst fast sklavisch nachgeahmter Meister, Johannes von Müller, war geradezu besessen und behext von Geschichtsschreibemustern aus dem Altertum: Caesar, Thukydides, Tacitus. So sehr er beständig durch seinen Stoff, die mittelalterliche Geschichte der Schweizer, und durch die geistigen und seelischen Fluida seines eignen Zeitalters, durch seinen schlechthin anderen Charakter seinen Idealen entfremdet, zu einem durchaus eigenen Stil gedrängt wurde: die Bahn, die er brach, blieb unter dem Befehl antiker Stilisten.

Die Bewahrung dessen, was eigentlich gewesen ist und »wie es eigentlich gewesen ist« (nach Rankes Formel), aus Lust am Bericht und am Geschehen zugleich, und die Deutung der irdischen Geschichte aus dem Willen Gottes oder der Vorsehung oder allgemeiner Gesetze sind zwei Hauptmotive der Geschichtsschreibung überhaupt. Ja, es sind menschliche Uranlagen, die in den Anfängen des Denkens, Sprechens, Schreibens noch konzentrisch oder polar gebunden und gespannt wirken: auch das liegt den dichterischen Mythen der Frühzeit zugrunde. In den Zivilisationen trennt oder befehdet sich der Wille zum schlichten Sehen und Sagen und zum hintergründlichen Erkennen und Deuten mehr und mehr. Im 19. Jahrhundert ist der Kampf der exakten Geschichtswissenschaft unter Führung Niebuhrs und Rankes, ja schon Johannes von Müllers gegen die geschichtsphilosophischen Sinngefüge Schellings und vor allem Hegels nur Erscheinung desselben Gegensatzes, der an den Anfängen der neuhochdeutschen Geschichtsschreibung sich verkörpert in Aventinus und Sebastian Franck. Vielfach ringt, zumal in philosophisch durchrüttelten Zeiten, wie in Deutschland nach Leibniz und erst recht nach Kant, der Kampf zwischen Kenntnislust und Erkenntnisdrang in derselben Seele, zum Beispiel in Schiller. Die Wissenschaften, denen die Erfassung der Welt in allgültige Gesetze nach dem Wunsch oder Wahn ihrer Pfleger oblag – Theologie und Mathematik und die beiden erst hörige, dann übermächtige Transzendentalphilosophie – und die Wissenschaften, denen die genaue Erfahrung der in Zeit und Raum wirkenden Erscheinungen oblag, führen, mindestens seit Hegel, einen mehr oder minder heftigen, mehr oder minder offenen Krieg miteinander. Erst in unserem Zeitalter des vollendeten historischen Sinns sind auch die Historiker hinter die berechtigten Gesetze der Philosophie gekommen, und die Philosophen wollen nicht mehr mit der naiven Hoffart Hegels sich an der Autonomie der Erfahrungswissenschaften vergreifen oder der Zeichensprache entraten, die Natur und Geschichte, genauer und gründlicher erkundet, ihnen bietet und aufdrängt. Sie haben nicht mehr das gute Gewissen dazu wie der Gewaltdenker der Zeiten, da die Erfahrungsmassen noch nicht so überwältigend angehäuft waren. Übrigens: nicht die Ignoranz, sondern die Herrschsucht der Philosophen hat ihre Tyrannei gebrochen. Leibniz, Kant, Schelling, Hegel, Schopenhauer waren Vielwisser ersten Ranges, aber sie leiteten ihr Wissen nicht aus ihrem Lernen ab wie die Polyhistoren des 17., 18. und 19. Jahrhunderts, sondern aus ihrem Denken, aus ihrem Genie, aus ihrem Schauen. Und diese Kräfte sind wiederum nur die modernen Formen dessen, was man früher Eingebung, Gottesgnade, Offenbarung, Erleuchtung nannte – abermals die Spannung, die am Eingang der europäischen Philosophie ragt in Platon und Aristoteles, Aristoteles, der zuerst hell und stolz die Wissenschaft als ein Erkenntnisprinzip ablöst vom Mythus, den Platon noch ersehnte und verklärte, indem er ihn gleichnishaft, dichterisch verwendete, ohne ihn als solchen zu glauben (Ursprung der Allegorie) – Aristoteles hat schon mit einem abschätzigen Seitenblick die Dichtung, das heisst die Mythe, für philosophischer, das heisst für erkenntnishaltiger erklärt als die Historie. Das ist ein Zeichen, daß in ihm, dem erfahrungsfreudigsten antiken Denker, schon die Spannung zwischen der einmaligen Erscheinung und dem Begriff der ewigen Idee, der unsterblichen Mythe wach war. Schopenhauer, der Geschichtshasser schlechthin unter den grossen deutschen Philosophen, hat sich gern auf dies Aristotelische Wort berufen.

Die Geschichte der Historie selber wird mitbestimmt von den Rang- und Grenzzwisten zwischen ihren philosophischen Herkünften und ihren erfahrungswissenschaftlichen. Auch die deutsche Geschichtsschreibung des 19. Jahrhunderts steht vielfach unter diesem Zeichen. Die Namen, mit denen ich beginnen und enden will, Herder und Burckhardt, sind dafür sinnbildlich: Herder, ein Philosoph, dem die Weltgeschichte das energischste Gleichnis der göttlichen, ihr zuerst als werdend offenbarten Unendlichkeit ist, und Jacob Burckhardt, ein Historiker, der im Schauen der umfassend erforschten Geschichte die Erlösung vom Lebensdruck, vom Weltgrauen, ja vom Gottesschauer sucht, ein Stimmungsgenosse, doch nicht ein Gesinnungsgenosse oder Denkschüler Schopenhauers. Herder entlässt aus seinem Geist die deutsche Geschichtswissenschaft: Ranke ist ohne ihn noch weniger denkbar als ohne Niebuhr. Müller ist sein Schüler. Jacob Burckhardt, vielleicht nicht der mächtigste Geschichtsforscher des 19. Jahrhunderts – das ist Mommsen – doch der reifste, reinste, gesichtigste Geschichtsweise, senkt sein bildervolles Auge am Abend in das geschichtslöschende Nirwana, mit der philosophischen Heiterkeit des Geistes, der das Erforschliche erforscht hat, um gelassen es mitzunehmen in den unerforschlichen Allgrund. Und wie auf den Philosophen Herder die Historiker Johannes Müller und Ranke folgen, die eigentlichsten Historiker, von denen wir wissen, so kommt nach Burckhardt der entscheidende Geschichts- und Werdensprophet, Friedrich Nietzsche, der Mann, dessen Ja und Nein, ob befolgt oder befehdet, vernommen oder überhört, neben Karl Marx und gegen Karl Marx, das Geschichtsdenken unsrer Zeit, durch mancherlei Medien so entgegengesetzter Art wie einst Hegel, am gewaltigsten bewirkt. Wie Lenin von Marx abstammt, so stammt Mussolini von Nietzsche, und Nietzsche hat viele seiner Geschichtsgesichte – vor allem sein Renaissancebild und sein Griechenbild, den Herrenmenschen- und den Rausch- und Traumgedanken – von dem leisen, heimlichen Basler Einsiedler geerbt... freilich wie jeder geniale Erbe zugleich erworben, errungen, verwandelt zu eigenem Besitz, der dann erst weithinfahrend die Welt schütteln hilft. Ich erwähne das nur, um eine Ahnung zu regen, wie die Historie und die gewissenhafte Mühsal entsagender Forscher manchmal nachweisbar, manchmal geheim wieder Geschichte macht – beschaulicher Geist kann die Leidenschaften entzünden, welche die Völker erschüttern, und wiederum sammeln sich ganze Völkerwanderungen und Erdkriege in ein dauerndes Gebild vollendeter Schönheit, Weisheit, Heiligkeit. Jedes Wesen setzt die gesamte Weltgeschichte voraus und enthält sie: das ist zugleich eine Warnung vor dem Anspruch auf »endgültige Erklärung« oder »erschöpfende Darstellung« oder »abschließende Ergebnisse«. Was wir von uns selbst wissen, ist nicht der millionste Teil dessen, was mit uns geschieht und was wir sind. Das gilt erst recht von geschichtlichen Zusammenhängen: keiner hat das herzlicher erfasst als Herder. Das überhebt uns freilich nicht der Pflicht, zu prüfen, zu sichten, schon weil nur durch solche Wahl und Sammlung wahre und satte Bilder, rechtschaffene Kenntnisse, saubere Einsicht möglich sind. Wer sich von vornherein auf jähe Erleuchtung verlässt, dem bleibt sie aus, und die echten Seher der Welt waren auch immer ihre gründlichsten Kenner.

II

Gilg Tschudi und die Schweizer Chronisten

Für die Bedingungen, unter denen die Chronistik entstand, ist es bezeichnend, ein wie beträchtlicher Teil deutscher Chronisten aus der Schweiz stammt. Die kleinen Gemeinwesen, bei denen eine grössere Anzahl von Menschen mitzusorgen und mitzutun hatte, weckten und schärften das Bedürfnis der Erinnerung, des dauernden ausserkirchlichen Zuspruchs. Die grösseren Fürstentümer hatten keinen solch fruchtbaren Boden der Historie als solcher, weil die Aufmerksamkeit ausschliesslicher dem Ruhm der obersten Machthaber und ihrer Dynastien galt. Die Schweiz verhält sich, mutatis mutandis, zum übrigen Deutschland, mit Ausnahme der Hansestädte, ähnlich wie die griechischen Republiken zu den östlichen Despotien.

Schon im 15. Jahrhundert beschäftigte Bern, der mächtigste Kanton, Frickhardt und Diebold Schilling, im 16. Jahrhundert Valerius Anshelm aus Rottweil oder Rüd, der die Berner Geschichte von 1032 bis 1526 in einer saftigen und gedrungenen Prosa aufzeichnete.[1] Noch Johannes von Müller nutzte und pries das Buch: es entstammte freilich nicht nur den Ratsherrenabsichten, sondern einem ausgesprochenen Bildungsdrang gemäß der gesamthumanistischen Atmosphäre, in der Rüd heranwuchs. Er war ein weitgereister Mann, erwarb sich 1492 das Krakauer Baccalaureat und gehörte zu den regen Polyhistoren, deren die Schweiz in allen Zeiten seit dem Ausgang des Mittelalters sich rühmen durfte: Niklaus Manuel, Konrad Gessner, Albrecht von Haller, Johannes von Müller sind die bekanntesten. Rüd ist Gessner und Haller verwandt durch die Vereinigung von naturwissenschaftlichen und historischen und sprachlichen Anliegen und Anlagen. Das Vorbild seiner Chronik war wahrscheinlich Livius, den er genau kannte und der unter allen antiken Historikern der meist übersetzte und meist gelesene im gesamtdeutschen Sprachgebiet war – der moralische Verherrlicher des grössten aller Gemeinwesen. Bern konnte sich innerhalb seines Gesichtskreises, bis in die Regierungsmassnahmen hinein, als eine stolze Aristokratie, als ein kleines Rom vorkommen, und seine Gewaltigen liessen die Berner Geschichte in einem ähnlichen Sinn festlegen wie die alten Römer schon im vorklassischen Zeitalter die Ereignisse über den Augenblick hinaus wahren wollten.

Freilich sind die Anfänge der römischen Historie weniger aus rationalen als aus magischen Gründen niedergelegt, weniger für die Menschen als für die Götter, Gesetzestafeln, Inschriften und Jahrbücher (Annalen) waren mindestens so sehr Bannsprüche für die dämonischen Mächte als Lehren und Denkmittel der Nachkommen. Die christliche Historie, entstanden aus der Durchdringung der biblischen Mythen mit platonischen Weltdeutungen und römischen Merkepflichten fand in den mittelalterlichen Klöstern ihre Nahrung, Pflege, Richtung ebenfalls aus magischen Gründen: das Schreiben selbst war ein kirchliches »gutes Werk«, ein frommer Akt im Dienste Gottes und zugleich eine Zauberei, die ihn bannen, beschwören sollte. Dazu dienten Inhalte, die das Gedächtnis der Mönche beschäftigten, ja das Gedächtnis selbst übte sich am Aufzeichnen vergangener Gottesgerichte, Belohnungen oder Bestrafungen in der Zeit. Die Lehrer des Schreibens im Mittelalter waren Kleriker, beinahe die einzigen kontemplativen, mussefähigen und -willigen Gelehrten, und sie übertrugen bis in die Zeiten des Humanismus ihre Wissenschaftsgewohnheiten, ihre Sehrichtung und ihre Aufzeichnungsgründe auch den weltlichen Historikern. Bei den Schweizer Chronisten kann man vielfach noch die beiden Wurzeln der mittelalterlichen Klosterhistorik nachspüren: einmal die Begebenheit, worin Gott seine Gnade oder Ungnade kundgibt und deren Niederschrift erbaulicher und ehrfürchtiger Gottesdienst für den Schreibekundigen war, und sodann die Legende mit dem besonderen Nachdruck auf den guten und bösen Eigenschaften, Handlungen und Begegnissen der gottgezeichneten Personen. Daran knüpften sich meist die ausgesprochenen Winke, die Lehren des Nachahmbaren oder Verabscheuungswürdigen für die andächtigen Leser. Also: der dürre Bericht über Zuwachs, Bestand, Abnahme, Glück und Unglück eines Klosters oder eines Landes um das Kloster herum, die Kennzeichnung der bestimmenden und erleidenden Personen und die Moral daraus sind die Elemente der mittelalterlichen Historie, abgewandelt durch das Temperament, den Wirkungsumfang und die Bücherkunde der jeweiligen Schriftsteller.

Ein Mann z. B. wie Otto von Freising, aus fürstlichem Geschlecht, Bischof und Helfer Barbarossas, dessen Geschichte er schrieb, war durch seinen Rang wie durch seine grössere Bildungsfreiheit, von seinem Talent zunächst abgesehen, eher fähig zu einer geistigen Durchdringung überlieferter oder erlebter Tatsachen, Personen und Ereignisgruppen. Er konnte über Jahrhunderte hinweg die christliche Geschichtsphilosophie des Augustinus wiederaufnehmen, die den kleinen Mönchen ein Buch mit sieben Siegeln war, auch wenn sie Sätze daraus abschrieben. Dabei ordnete er seine eigenen Erfahrungen im Umkreis des Staufers in einen grösseren Sinnzusammenhang ein, ohne die knechtische Befangenheit oder – wenn man will – ohne die analytische Genauigkeit oder den magischen Bedacht der kleinen Annalisten. Der Kampf zwischen treuer Historie und kühner Historiosophie, wie sie im 19. Jahrhundert zwischen Hegelianern und Rankeianern spielte, hat weniger das Werk als das Urteil über das Werk Ottos bestimmt. Im 19. Jahrhundert ist durch hundert philosophische, methodologische und andere Sonderungen, durch die zunehmende Individuation, durch die Vielschichtigkeit der geschichtlichen Denker, in denen ganze Zeitalter durcheinander brodelten, durch die Vielzügigkeit der Wahrnehmungen, der Schulmeinungen und der Stimmungen der Blick auf die Gründe sehr erschwert. Vom Mittelalter her können wir, teils durch den Abstand selbst, deutlicher die Elemente packen, die Grundeigenschaften und -aufgaben der Historiker, ohne durch das methodologische Geschwätz unserer Seminarien verwirrt zu werden. Damals hatten die Menschen noch weniger Gesichtspunkte und dafür mehr Augen, oder mindestens können wir reiner vornehmen, was sie sehen wollten und konnten.

Wichtig sind uns die Schweizer Chronisten auch deshalb, weil sie nicht nur durch ihren Stoff, sondern auch durch ihre Anlage dem grossen Historiker vorwirken, von dem die universale Geschichtswissenschaft Rankes herkam: Johannes von Müller ist bei unvergleichlich grösserer Gelehrsamkeit, bei verselbständigtem historischem Sinn geradewegs ein Nachfahr von Rüd und von Gilg Tschudi – ein Nach-*fahr*, nicht ein Nach-*ahmer*... ein Erbe, nicht ein Schüler. Auch Rüd darf nicht (wozu seine simpel-kräftige Sprache verführen könnte) für einen knorrigen, holzschnitzigen Biedermann gehalten werden: das ist eine romantische Fälschung aus der Wackenroder- und Tieckpoeterei, die meistens die Zeitgenossen Luthers, Dürers, Hans Sachsens entstellt, weil wir das was uns heute bieder-altertümlich anmutet um seines Vergangenseins willen, schon als wackere Altväterei in die Seelen der Reformationsmenschen zurückdeuten. Was heut altertümlich ist, war damals vielfach verwegene Neuschöpfung. Dürer war nicht nur ein unheimlicher Grübler – das wusste man aus seinem Kupferstich »Melancholia« und machte daraus romantischerweise einen herzigversonnenen Schwarmgeist oder einen mystischen Dämmerling: er war eher ein Rationalist, ein Vernunft- und Gesetzsucher... nicht ein Gottesschwelger, sondern ein Mann, der aus dem Dunkeln, Unergründlichen ins Helle, Messbare strebte, eine deutsche Form *der* Sinnesart, die in Italien Leonardo verherrlicht... ein Vorläufer nicht theosophischer Konventikel, sondern mathematischer Akademien... geheimnisvoll als Genius, nicht durch Flucht aus dem Denken... dem Voltaire immer noch eher verwandt als dem Jakob Böhme oder dem Görres. Er war aber überdies selbst für seine Zeitgenossen ein bedenklicher Geck, bespöttelt wegen seines geschniegelten und pomadisierten Wesens, verdächtigt sogar modischer Südgeschmäcke und Lüstchen, kurz, was man heute einen Ästheten nennt. Das eine Vorurteil ist so dumm wie das andere, weil jeder schöpferische Genius von den immer dunklen Gründen bis zu den immer gekräuselten, gezierten und glitzernden Oberflächen reicht und weder aus seinem Dunkel allein noch aus seinen Flächen allein gedeutet werden darf. Beides führt zu den Geschichtsfälschungen, die durch die Jahrhunderte wandern und aus Caesar einen Lebemann, aus Dante einen finsteren Fanatiker, aus Shakespeare ein wildwüchsiges Waldgenie entnommen haben. Den Römer, die unheimlichste Tatkraft der Geschichte, verkannt aus Grosstadtklatsch, den ein paar antike Rhetoren zusammengestoppelt, nicht gelogen, aber ohne Ahnung vom Ganzen... den Florentiner, einen der freudigsten, wendigsten und zartesten Lebemänner (nicht *nur* das, doch *auch* das) wegen isolierter Dogmensätze oder Höllenbilder, erstarrt zu einem feierlichen Asketen... Shakespeare, einen der sorglichsten, genauesten und abgefeimtesten Artisten aller Zeiten (nicht *nur* das, doch *auch* das), zu einem genialischen Barbaren. Das ist alles, so schief und platt und – aus dem Ganzen gesehen – programmatisch vereinseitigt, so ungefähr richtig wie die heiteren Griechen oder die treuen Germanen oder die besseren wilden Menschen oder der glückliche Goethe oder der eiserne Bismarck oder der hartherzige Napoleon: Schlagworte, Öldrucke, Kinoschmarrn, und dennoch nicht nur grobe Wunschbilder der Massen, sondern auch echte Zerrbilder vorhandener Einzelheiten.

In der ganzen Lutherzeit müssen wir – bis in die Schweizer Chronistik hinein – uns vorhalten, was die humanistische Welle, das Verlangen und das Vermögen entschiedenen Menschenausdrucks auf allen Gebieten, das Ringen um das bezeichnende, erscheinungsbindende Wort, um individuale Bildung, Bildwerdung, Bildgebung gegenüber kirchlichen, gemeindlichen, zünftigen Befehlen, Regeln und Gehegen bedeutete. Bei den Historikern und den Bildkünstlern, welche einer längeren Tradition frönten, erscheint dieses Ringen nicht so heftig und bezaubernd wie bei den Tätern, etwa Ulrich von Hutten und dem Naturforscher Paracelsus oder bei den unmittelbaren Gottessuchern wie Luther, Sebastian Franck oder Thomas Münzer. Deren Tat und Leid, nämlich Gottesfahrung des Herzens, fordern, wo sie zum Worte kommen, jäheres Wort als die Zeit- und Raumbetrachtung der Historiker und Geographen (Paracelsus war Kräfteseher, nicht Raum- und Zeitmerker). Zudem sind die Humanisten noch näher an der Universalsprache damaliger Bildung, auch wo sie deutsch dichteten oder berichteten oder perorierten. Wir können bei Hutten den Übergang von seinen lateinischen zu seinen deutschen Schriften als ein besonders klares Zeichen des humanistischen Ringens um formenschöne, regel- und mustergültige Redekunst und tatwirksamen eigenen Ausdruck verfolgen. Bei Rüd oder Tschudi kommt das Wort weder aus solcher Leidenschaft, noch aus solchem Widerstand gegen verehrte Muster und Regeln wie bei dem humanistischen Ritter Hutten. Ihre Darstellung treibt deshalb Gehalt und Form nicht so energisch gegeneinander. Aber so gute Landgemeindesprecher, Wirtshauserzähler, Berufsplauderer beide gewesen sein mögen, als Schriftsteller haben sie weniger an wackere Stadt- und Hausvatersitte gedacht als an die kunstreichen Meister der Römer und Griechen, an Livius vor allem.

Aegidius (oder Gilg) Tschudi hat in noch höherem Grad und weiterem Umfang, aber aus verwandten Gründen, den praktischen Geschichtssinn betätigt, den Anshelm-Rüd im Dienste der Berner bewährt. Er stammte aus einem angesehenen Geschlecht, das durch mehrere Generationen sich kriegerische Ehren erworben hatte, stand also schon politisch an einer wirksameren Stelle als der Berner Chronist. Dieser war als Stadtarzt und Gelehrter vom Rat gleichsam als Aussenseiter angestellt, Geschichte zu schreiben. Tschudi kam aus eigener Leidenschaft und Erfahrungslust zur Schriftstellerei, einer der erstaunlichsten des 16. Jahrhunderts. Er ähnelt durch Mannigfalt, Frische, Fülle und Umfang der Anlagen dem schon erwähnten Niklaus Manuel. Geboren ist er 1505 als Sohn eines Feldobristen in Glarus. Der damalige

Stadtpfarrer, Zwingli, war sein erster Erzieher... das heisst einer der freiesten und lautersten Menschen dieser eifervoll verworrenen Läufte, Volksmann, Gottesmann und Humanist zugleich, der Entdecker Pindars für die Deutschen, gab dem ausserordentlichen Jungen die ersten Winke in die Geschichte. Der noch heute bestehende Gegensatz zwischen der harten und geschlossenen Berner Art und der unruhig witternden, fast zu leicht und frei aufgeschlossenen Züricher (wozu Glarus mehr neigte) ist auch in Rüds und Tschudis Studiengang und Arbeiten noch vernehmlich. Rüd trug seine Berner Tugenden und Vorsätze durch die Bildungsstätten des übrigen Europa ziemlich sicher wieder nach Hause und blieb ein ehrenfester Berner mit humanistischer Bildung. Tschudi ist ein hoher Typus des gesamteuropäischen Virtuoso mit schweizerischer Färbung. Doch wollen solche Antithesen mit Vorsicht behandelt sein, sie dienen nur dazu, die Blickrichtung zu bestimmen, nicht die Gestalten dogmatisch einzufangen. Manuel war als Berner von einer ähnlichen Universalität aktiven und kontemplativen Treibens – Maler, Krieger, Dichter, Staatsmann – aber seine Tätigkeiten selbst entliessen ihn weiter aus den heimatlichen Hegen, während Tschudis Vielwendigkeit weniger seinen Ämtern als seinem lokal bedingten und gelockerten Charakter zu danken ist. Den Elfjährigen schickte sein Vater studienhalber nach Basel, in die Obhut eines Ohms, der sich als Erasmianischer Philologe berühmt gemacht hat, Henricus Glareanus. Den Erasmus selbst hat Tschudi damals noch nicht in Basel treffen können. 1577 nahm Glareanus sein Mündel nach Paris mit, wo er als Mathematicus, Philologe und Historiker schon mit fünfzehn Jahren als ein Wunder galt. Nach seiner Rückreise erwarb er sich, ähnlich wie später Johannes von Müller, durch Wanderungen in den Kantonen die optische Sicherheit. Helle und Nähe für seine Schweizer Geschichten und ergänzte, was er aus Vorlesungen, Büchern, Exzerpten gelernt, durch volkskundliche und geographische Merknisse. 1528 vollendete er, nach einer Reise durch Graubünden, ein Buch, die »Alpisch Rhetia«.[2] Die Verbindung von alten Notizen aus Strabo, Caesar, Tacitus, aus Eginhard und alten Chroniken – die er als erster mit historisch-philologischem Eifer, vaterländischem und wissenschaftlichem zugleich, durchging – und der herzlichen Wanderfrische, die manchmal ausdrücklich bezeugt durch Beschreibungen, manchmal nur im Ton zu spüren ist, reiht ihn, bei minder weltgeschichtlichem Gegenstand, doch der Begabung und dem Geistescharakter nach, zu den grossen Raum-

und Zeitwanderern, die schreiben konnten, weil sie gleichsam mit allen Lebensorganen wahrnahmen und den Sinn im Auge hatten: Herodot ist aus dem Altertum der berühmteste dieses Schlages, Marco Polo aus dem Mittelalter, Alexander von Humboldt in unsrer klassischen Zeit. Der Vollbesitz der jeweiligen Zeitbildung, die Spannkraft des Körpers und die tiefsinnige Neugier des echten Fahrers verbinden sich in den Schriften solcher Männer und unterscheiden sie glücklich von den blossen Lesern, Sammlern, Grüblern, die sich weiden an ihren Methoden oder an ihren Systemen. Unter den Naturforschern aus der Zeit Tschudis ist Paracelsus der gewaltigste Mann dieser Art. In der Schrift über Graubünden erstaunt uns die Energie, womit Tschudi der Sprachgeschichte und Schriftgeschichte nachgeht – abermals eine Warnung davor, einen falschen Naivitätsbegriff an die Autoren jener Zeit heranzutragen. Tschudi war Forscher im strengsten Sinn, aber freilich kein Durchschnittsprofessor.

Die Reformationszwiste zerrütteten auch den Glarner Staat. Tschudi blieb Katholik, und vor allem: er blieb Humanist, dessen Frömmigkeit durch kein Pfaffengezänk vergiftet wurde. Er verhinderte den blutigen Austrag der beiderseitigen Fanatismen und muß durch seine geistige Überlegenheit, wahrscheinlich auch durch seine Beredsamkeit, wozu ihm ausser der urchigen Zunge auch seine Ciceronianische Bildung half, einen solchen Eindruck auf die beiden Parteien gemacht haben, daß sie ihn einstimmig zum Landvogt von Sargans wählten. Das ist ein in den Religionskriegen dieser Zeit fast beispielloser Vorgang und ein Zeugnis für den Wert Tschudis. Er verhinderte, daß die Glarner in die Religionskriege eingriffen. Nach Ablauf seiner Landvogtei hatte er noch verschiedene Statthalterposten in unterworfenen oder zugewandten Landschaften inne, war dann französischer Söldnerhauptmann und kehrte heim, um die Geschichte der Schweiz zu ergründen. Doch mit 45 Jahren holte man ihn wieder zu den Ämtern, wider seinen Willen, der jetzt eigentlich mehr der Wissenschaft als den Geschäften galt, doch gehorsam dem Ruf der vertrauenden Gemeinde. Auf den Augsburger Reichstag, 1559, schickte man ihn als den Fürsprech der Eidgenossen. Seine Auftraggeber, deren Freiheiten er sicherte, und der Kaiser waren gleich zufrieden mit ihm. 1562 nötigte dann doch eine jüngere Generation von reformierten Eiferern, die über ihren Parteidummheiten Politik und Bildung vergassen, deren tüchtigsten Träger zum Verlassen des Landes, weil er zu katholisch, wahrscheinlich weil er zu fein und frei war. Nach drei Jahren holte man ihn wieder zurück und bediente sich seiner Rat- und Tatkräfte. Er behielt daneben Zeit zur Historie bis zu seinem Tod 1572.

Wir Heutigen stehen fassungslos vor dem reinen Arbeitsquantum Tschudis. Unter fast lebenslangen Staatsmühlen und -kämpfen verfertigte er weit über hundert wissenschaftliche Schriften: Vieles davon Exzerpte, doch mit solch kundigem Blick angelegt, daß sie den minder hochgespannten Gelehrten seiner Zeit als vollendete Geschichtswerke erscheinen konnten. Die »Alpisch-Rhetia« z. B. teilte Glareanus dem Sebastian Münster mit, der gab sie bewundernd sogleich heraus. Die Schrift fand übrigens zum Teil den Beifall der Humanisten, nicht nur wegen der erstaunlichen Gelehrsamkeit, sondern auch wegen der Sprachgesinnung: sie greift den puristischen und stilistischen Bemühungen des nächsten Jahrhunderts vor durch die Eintracht von philologisch-historischer Sprachkenntnis und stilistischer Sprachübung. Das Sprachgemenge begann damals schon, und Tschudi verfocht Sprachreinheit zum Teil aus ähnlichen Gründen wie die schwerer belasteten Opitzianer: aus vaterländischen, wissenschaftlichen und redekünstlerischen, wenngleich er die letzteren nicht ausdrücklich formulierte. Vor den Opitzianern hatte er das saftigere und zutraulichere Verhältnis zum Sprechen, zum lebendigen Wort voraus, die Zwingli- und Luthernähe. Er musste nicht aus lauter Patriotismus, um die nachbarlichen Sprachreinheiten und Sprachkünste zu erreichen oder zu überbieten, wie die Zesen und Schottel, verstiegene und bockige Sprachtänze ausführen, kurz, kein Fremdknecht werden, um ein Überdeutscher zu bleiben. Merkwürdig ist sein Kapitel »Von den tütschen Cantzlern«: er verwahrt sich dagegen, daß die deutschen Kanzleibeamten, welsch oder humanistisch erzogene Bürokraten, die Amtssprache wieder lateinisch machen wollten. Aus der Geschichte wie aus der Praxis bekämpft er diese neueste »naseweise« Mode. Ich zitierte die Stelle, weil sie ein Motiv seiner Geschichtsschreibung und Geschichtsforschung erhellt und für die deutsche Literatur eigens wichtig ist als ein Beleg für die Eintracht, die immer wieder verlorene und immer wieder zu erkämpfende, zwischen deutschem Wissen, deutschem Sinn und deutschem Wort:

»Von den tütschen Cantzlern. Und so nun tütsche spraach zu eigner gschrifft gebracht / ouch aller dingen worten an jro selbs vollkomen gnug ist / so wöllend yetz die tütschen Cantzler / ouch die Consistorische schryber uns wider zu latin bringen / könnend nit ein linien one latinische wort schryben / so sy doch der tütschen genug hettend / machend das menger gemeiner man / so kein latin kan / nit wissen mag was es bedüt / oder wie ers verston soll / wöllend also unser tütsch / so ein ehrliche spraach ist / verachten / bruchend ouch etwa wälsche wort / so doch all ander spraachen die unser nit ansehend / darusz kompt das nach un nach man nit weysst wat tütsch ist. In den alten tütschen findt man kein latin / sonder alles tütscher worten / allein die nüwen Cantzler sind so nasswysz / man köndt wol schryben für protestieren / bezügen / iurisditio / gerichts-zwang / appellatz / zug oder berüffung / appellieren / ziehen oder be-rüffen / appellant / der kläger / appellat / der antwurter / citieren / laden / concordatz / vereinigung oder vertrag / confin / anstösz / probieren / beweren / fundament / grundueste / restituieren / widerlegen / ersetzen / arrestieren / verhefften / potentaten / oberkeiten / obligation / ver-pflichtung oder verschrybung / unnd dero noch vill / mischlend also latin und tütsch undereinandren / were nützer gar latin oder gar tütsch.«[3]

Tschudi hat das Werk noch in späteren Jahren umgearbeitet, um es einer umfassenderen Darstellung der gesamtgallischen Landschaften einzufügen. Neben der anstrengenden Vieltätigkeit des Politikers be-hielt er nicht nur die Lust zu solchen Forschungen, sondern auch die Zähigkeit, schon Fixiertes durchzubessern und neuen Zusammenhän-gen einzugliedern. Das ist eine Frische der Wissenschaft, wovon wir uns heute keinen rechten Begriff mehr machen, ausser vielleicht in der Naturforschung und in der Technik. Die Geschichte lastete noch nicht auf den Gemütern als Pflicht, Beruf, Methode, sondern sie lockte nach allen Seiten über dämmernde Horizonte hinaus. Gott war noch ein si-cherer Rückhalt, die Welt brach an und auf, und der Mensch hatte noch den Mut seines eigenen Menschtums, wenn er überhaupt ein Kerl war – ganzer, heftiger, wacher als die heutigen durchorganisierten Gelehrten-kompanien.

Das »Zeitalter der Entdeckungen« hatte Tschudi als Knabe noch er-fahren wie Paracelsus, und etwas von dem Staunen und Wundern der erweiterten Welt belebt ihre Schriften, selbst wo sie Beschreiber und

Abschreiber scheinen. Man kann sagen, daß der historische Sinn damals mehr von einem Zukunftsschauer geregt wurde als vom Vergangenheitsbehagen, das die Historiker im 18. Jahrhundert beherrschte. (Gemeinsam ist beiden Zeitaltern, im Gegensatz zu dem durchschnittlichen historischen Sinn unsrer Tage, der Glaube an sinnbildliche Ewigkeit des Gewesenen). In seinen besten Trägern, wie Tschudi, Aventinus, Franck (um nur Deutsche zu nennen) wirkt ausser dem Drang des Ratsherrn oder Lehrers noch die Sehnsucht des Frommen, der durch Schauen der Gotteswerke in Raum und Zeit dem Schöpfer näher kommen will. Die Historie des 16. Jahrhunderts löst darin die Mystik des vierzehnten und fünfzehnten ab. In Sebastian Franck kann man den Übergang als einen persönlichen Kampf zeigen. In Herder, Johannes Müller, Ranke, selbst noch in Burckhardt erscheint diese Spannung zwischen Erscheinungslust am einzelnen Geschichtsfaktum und urgrundsüchtigem, auflösendem Gleichnisglauben. Erst der nach-Niebuhrsche Kritizismus als selbstgenugsame Wissenschafterei, der Seminarbetrieb, der zahllose Leute beschäftigen muß, die weder erkennen noch wirken wollen, hat – ein allgemein menschliches Verhängnis – auch der Historie ihren Boden entzogen. Selbstverständlich hat auch in den Zeiten Tschudis, neben den echten Forschern, Lernern, Sehern, die gewöhnliche Handwerksfron, Unterrichtspflicht und dergleichen Federn genug geregt. Ich betone drum Tschudis Gründe, die aus der Entfernung von vier Jahrhunderten minder deutlich erscheinen. Wer um diese Zeit überhaupt derart arbeitete wie er, musste von einer anderen Tiefe her getrieben werden, kurz, ein grösserer Entdecker und Forscher sein als heute die meistgefeierten Akademiker. Das sage ich nicht aus einem romantischen Lob der guten alten Zeit, das mir völlig fern liegt, weil jeder Mensch nur *eine* gute Zeit hat, nämlich seine eigene, – es soll nur den Blick wenden auf die jeweiligen Geistesbefehle der Historiker, damit man sie weder isoliert noch sie von heute aus verwechselt und aus heutigen Motiven unsinnig missdeutet: ein Fehler, den grosse Philologen, ohne Sinn für Menschenart und -wandel, ohne Geschichtsdivination sehr oft begehen.

Tschudis »Beschreibung des alten Gallien« wurde mit vielen Entstellungen 1758 in Konstanz gedruckt, zum Gebrauch für barocke Notizenbäcker, unter dem Titel »Haupt-Schlüssel zu verschidenen Alterthumen«.[4] Auch damals missverstand man Tschudis herzlichen Entdeckerfleiß als Sammlerbehagen, seinen faustischen Eifer als Wagnerträgheit. Sein Hauptwerk ist die »Helvetische Chronik«, die von den Urzeiten bis zum Jahre 1470 reicht, das Werk, das in neueren Zeiten ihn vor allem berühmt gemacht hat.[5] Goethe, Schiller und Tschudis würdigster Nachfahr und Erbe, Müller, haben es höchlich gepriesen. Schiller wegen seines »Herodotischen, ja fast Homerischen Geistes«. Uns erstaunt, über den gewaltigen Fleiß, die kernig gewandte Darstellung hinaus, die damals sehr seltene kritische Gerechtigkeit. Er benützt zum Beispiel eine ältere Habsburgische Chronik, worin die Eidgenossen schlecht wegkommen. Statt nun den Gegner, wie es damals selbstverständlich war, unflätig herabzusetzen – nach Art Luthers, Huttens und Paracelsus' – oder nach heutiger Art ihn überlegen abzukanzeln oder mild-giftig zu beschnödeln, versucht Tschudi den notwendigen Grund von des Österreichers Unglimpf gegen die Schweiz zu verstehen und zu rechtfertigen. Er habe als ein Diener seines Herrn die Pflicht gehabt, dessen Taten möglichst günstig zu schildern. Solche Haltung soll uns heute, nach Herder, Müller, Ranke nicht mehr verblüffen. Damals aber hat sie fast etwas Heiliges, denn es gab noch keinen Anspruch an Objektivität, keine Trennung von Mensch und Sache, und – zumal in Fragen des Vaterlandes, der Gemeinschaft, des Glaubens – galt wilde Parteinahme und schützende Blindheit nicht nur für Kraft, sondern auch für Tugend. Nur wer von ganz entfernten Dingen schrieb, brachte es – mindestens im Deutschland der Reformation – zur Gelassenheit des Abwägens. Soweit Luthers Einfluß herrschte, war er mit der Gerechtigkeit. Selbst der Mystiker Sebastian Franck, der noch am ehesten ein kreatürliches Mitgefühl in seine Historie mitbrachte oder wenigstens mitbringen wollte, ein Anwalt der Verketzerten, gerät in derbes Schimpfen, wenn er auf die Bauernkriege kommt. Nur Aventinus bezeugt eine ähnliche fromme Billigkeit wie Tschudi, aber er hatte es leichter, da er von entlegeneren Sachen schrieb und nicht als tätiger Volksmann wie dieser.

Tschudi hat bei der Abfassung dieses grossen Werks keine kunstmässige Komposition beabsichtigt nach dem Muster der antiken Historiker: es trug den Titel Chronicon, das will besagen, daß ihm der Zeitablauf der Ereignisse, wie er sie in Urkunden, früheren Annalen und dergleichen fand, genügte. Geschichtsphilosophische Sammelbegriffe dienten ihm noch nicht zur Gliederung des massenhaften Stoffs. Auch die Herodotische Art, von einem zentralen Ereignis aus wie den Perserkriegen sich in die Länder und Völker gleichsam kreisförmig einzulassen, Ereignisse und Landschaften geographisch-geschichtlich ineinanderschlingend, konnte Tschudi nicht nachahmen, da zu seiner Zeit die entscheidenden Schweizer Ereignisse, woran sich die romantische Phantasie seit Johannes von Müller begeisterte, – die Kämpfe gegen Österreich und gegen Karl den Kühnen – noch nicht mythisch hervorgehoben waren.

Die Zeitfolge, nicht das Ereignisgewicht blieb also Tschudis Ordnungsgrund. Menschen und Menschenarten kümmerten ihn – soweit er Historiker war – mehr als Allgemeinbegriff, Volk mehr als Staat, Sitten mehr als Verfassungen, oder vielmehr Verfassungen nur als Mittel, um richtige Menschen zu verbürgen. Den tüchtigen Tatmann, der er war, erkennt man an seinen anschaulichen Schlachtschilderungen, die bis auf Johannes Müller unerreicht und unübertroffen geblieben sind in der deutschen Historiographie, ja Müllers eigene sind kaum ohne diesen Quellenschriftsteller denkbar, nicht nur den Aussagen nach, sondern der Schreibart. Wieweit die genaue Kenntnis der Caesarischen Kommentarien den Humanisten Tschudi zu seiner markigen Knappheit erzogen hat, wieweit ihn selbst sein Gemüt dazu drängte, wage ich nicht auszumachen. Die Schilderung der Näfelser Schlacht, welche Glarus vor der österreichischen Herrschaft rettete, erinnert in manchem an die Ariovist-Schlacht aus dem ersten Buch des »Gallischen Krieges«, besonders durch die mitatmende Spannung, Schnelle, Ungeduld und Sorge des mit der Einbildungskraft nachlebenden Aktors, die sich mit der Gelassenheit des nachträglichen Betrachters und Berichters vereinigen.

Die vielen Ortsnamen, die den Laien belasten und verwirren, waren für die Schweizer Leserschaft fasslichere, heimeligere Inhalte. Bei Tschudi kam noch sein etymologisches Interesse dazu: schon in seiner »Alpisch-Rhetia« weidet er sich an Ableitungen, Übersetzungen, Namenerklärungen, ohne Gelehrtengefallsucht, doch mit der Lust eines philologischen Entdeckers, die der eines botanischen Sammlers oder Länder-erkunders damals sehr verwandt war. Dergleichen macht die Lektüre seiner Schriften heute, ausser für Gelehrte, lästig: wenn man die Bedeutung Tschudis spüren will, muß man sich hineinlesen. Stilistisch ist er schon durch seinen Dialekt, zumal nach der Ausbildung einer gemeindeutschen Schriftsprache, ohne grossen Einfluß geblieben, wenn man nicht seine späte Wirkung auf Müller mit einrechnen will. Auch diese entstammt nicht bewusster Nachahmung gerade dieses Autors, sondern der Luft und dem Wetter des Geistesklimas, dessen kräftigstes Schweizer Einzelgewächs Tschudi war.

III

Die Deutschen

Der Ausgleich zwischen den deutschen Bedingnissen, den Orts- oder Landschafts-überlieferungen und den übernationalen Lese-, Denk- und Glaubenswerten oder -waren ist – wie das deutsche Verhängnis überhaupt – so insbesondere das Verhängnis der deutschen Bildung seit der Völkerwanderung. In allen anderen grossen Kulturvölkern Europas vollzog sich dieser Ausgleich konzentrisch, bei uns – von Theoderich bis Bismarck – exzentrisch. Um hier nur von der Historie zu reden: Macchiavelli, der Meister der italienischen Geschichtsschreibung, ja schon Petrarca, der Erwecker des historischen Sinns, sind italienische Patrioten, Politiker und Träger kosmopolitischer, nämlich weltrömischer Ideale. Joinville und Comines sind Romanen, Franzosen und wissen es gar nicht anders als daß ihre Volks- und Reichsangelegenheiten Weltangelegenheiten seien.* Sie behandeln ihre eigene Sprache als Mustersprache, unbeschadet des klerikalen ökumenischen Lateins. Der Humanismus, mit seinem Ciceronianischen Stolz und Dünkel auf Petrarcas Spuren, löste die kosmopolitischen Ansprüche der Kirche ab, ohne die nationalen Ansprüche der ehemaligen Romvölker aufzuheben. Italien, Spanien, Frankreich, England, alle hielten sich für die rechtmässigen Nachfolger der Römer als Nationen und durch ihre Sprache. Die Deutschen, deren Karl den Grossen die Franzosen sich zusprechen, beanspruchten zwar das Weltkaisertum, aber nicht mit dem stammlichen und sprachlichen Selbstgefühl, da sie ja ihre Karle, Ottonen, Heinriche und Friedriche mit Ost und West teilten und unter deren hochentrücktem Baldachin sich nicht als eine Einheit, sondern als ein Gewimmel merkten und benahmen, als Franken, Sachsen, Schwaben, Hessen, Böhmen, als Bückeburger, Anhalter und Detmolder, als Nürnberger und Rottweiler.

---

* Die an dieser Stelle im Plan der Arbeit vorgesehene – durch eine Notiz »England und Spanien« angedeutete – Bemerkung über englische und spanische Historiker kam nicht mehr zur Ausführung. [A. d. Hrsg.]

Italien, von einem ähnlichen Staaten- und Stadtzwist zerrissen, fand sich doch früher in gemeinsamem Romgedächtnis. Jeder Tyrann und Condottiere, jeder wollte Caesar oder Scipio sein, und seine Untertanen glaubten es ihm. An der Schwelle ihrer Dichtung stand Dante, Florentiner, Kirchen- und Reichsdichter. In den anderen Ländern vollzogen eindrucksvolle Könige, Ludwig XI., Franz I., Karl V., Heinrich VIII. die harte, aber geglaubte und gewollte Einheit der stammlichen und städtischen Vielheiten. Wir hatten weder einen solchen Dichtergenius am Beginn unsrer neuhochdeutschen Bildung noch einen zentralen und konzentrierenden Tyrannen. Der Schöpfer unsrer Schriftsprache, Luther, riß uns sogar – eben durch diesen Akt und durch seinen Glaubensumsturz – aus dem gesamteuropäischen Durchschnittsgefüge heraus, und der Kaiser, der damals die Gewalten wog, fühlte sich als einen Habsburger Erbdynasten, als einen katholischen Kirchenvogt, nur nicht als Führer von Deutschen.

Also geistig und weltlich standen die Deutschen zur Zeit des Humanismus feindlich, misstrauisch, gespannt durch Sprache, Kirche, Staat oder Reich gegen alle Mächte gesamteuropäischer Bildung. Das ist weder ein Lob noch ein Tadel, sondern ein Verhängnis, aus dem das Höchste freilich, was Deutschland der neueren Welt seitdem geschenkt, und das Tiefste, womit die Welt sich seitdem auseinanderzusetzen hatte, hervorging: das was Goethe die »reine Menschlichkeit« nennt, etwas Geheimeres und Weiteres als Humanismus und Aufklärung, die Universalität des weltoffenen und weltkühnen Ich. Goethe ist seine weitaus schönste Verkörperung. Kant, Hegel, Nietzsche, Hölderlin – bei aller Mannigfalt ihres Wesens und Wollens – entstammen als die Seher und die Sühner dieses Verhängnisses, als seine Lehrer und Löser, dem nämlichen Grund. Müller und Ranke, die Historiker vaterländischer Geschichte als einer Weltgeschichte oder als eines Gleichnisses der Weltgeschichte, Mommsen und Burckhardt, die grössten Geschichtsschreiber der deutschen Bildungswelten, waren keine naiven Patrioten wie die Romanen und Briten, sondern Verehrer deutschen Menschentums als eines weltgerechten.

IV

Theologische Geschichtsschreibung – Lokalhistorie – Anekdotenbücher des 16. Jahrhunderts

Einige der geringeren Chronisten des 16. Jahrhunderts, die einzelne Landschaftshistorien minderer geschichtlicher Fülle, Dichte und Mannigfaltigkeit als die schweizerische beschrieben haben, werden als »Quellen« in der Wissenschaft mitgenommen. Mit Tschudi gemeinsam ist allen die Verbindung von lokalem und stammlichem Eifer, bodenständiger Heimattreue und humanistischer Polyhistorie, die sie sich auf Wanderfahrten erworben. Ohne den Umfang, ohne die geistige Weite und vermutlich ohne den Seelenadel Tschudis, teilen sie mit ihm die wache Ding- und Menschennähe, die Stammes- und Glaubensgebundenheit, die Spannung zwischen humanistischer Bildung und heimatlichem Wachstum.

Der Geschichtsschreiber des Hussitenkriegs, Zacharias Theobald (1584–1627) aus Schlackenwald in Böhmen, Prager Student und Magister, Feldprediger und Pastor in einem kleinen Dorf, ist zunächst mehr als Rüd und Tschudi Berufstheologe, die Masse seiner Schriftstellerei sind theologische Traktate. Das Werk, das ihn unter die Geschichtsschreiber bringt, hat keinen politischen, sondern wesentlich einen theologischen Grund: der Hussitenkrieg, wenn nicht das bedeutendste, so doch das stürmischste und furchtbarste Ereignis der früheren Böhmergeschichte, war ja vor dem Dreissigjährigen Krieg und ausschliesslicher als dieser ein Religionskrieg. Ursprünglich hat Theobald nur die Geschichte des Johannes Hus selbst und den Aufruhr seiner Anhänger beschrieben bis zum Einzug Kaiser Sigismunds in Prag 1436. Das Buch erschien 1609 in der Lutherstadt Wittenberg, drei weitere Teile, wozu ihn der grosse Erfolg der ersten ermutigte, führen die Hussitengeschichte bis zum Reformationsjahr 1517 weiter.[6] Die theologische Absicht des Werks wird betont durch ausführliche dogmatische Erörterungen und Anführungen, zum Beispiel einen genauen Abdruck des böhmischen Glaubensbekenntnisses. Die Stimmung des herannahenden Glaubenskrieges liegt schon über dem Buch, es ist zum Teil als publizistische Aufklärungsschrift gemeint über die Gesinnungen, Beschwerden und Ansprüche von Theobalds Landsleuten. Geschichtswerke hatten ja damals, *vor* der Flugkraft einer Weltpresse, zum Teil auch die Aufgaben der Zeitungen zu erfüllen: die erreichbare öffentliche Meinung zu unterrichten über bestimmte Notstände oder Forderungen. Die Historie diente, ähnlich wie heut, den Tageskämpfen als Vorratshaus von Gründen für und wider, als Unterbau der Politik, in diesem Fall also der Kirchenpolitik.

Zacharias Theobald war kein Anhänger des hussitischen Bekenntnisses, sondern Lutheraner. Doch er war – ähnlich wie Tschudi als Katholik – Humanist genug und Patriot genug, um, über dogmatische Abweichungen hinweg, der Leiden und der Taten der Hussiten ohne fanatische Unbill zu gedenken. Jeden Zug der Toleranz zwischen den Tagen Luthers und den Tagen des Leibniz im deutschen Schrifttum dürfen wir als Zeichen des historischen Sinns merken. Die geistige Farbe empfangen die jeweiligen Gerechtigkeiten oder Duldsamkeiten (friedfertige Natur vorausgesetzt) damals entweder von der Mystik, für welche alle Bekenntnisse, Kulte und Mythen nur Zeichen, Sinnenbilder eines unergründlichen Gottgeheimnisses bedeuten, oder vom Humanismus, der sich in vielen Ländern, Zeiten, Sitten umgeguckt und darüber die lokalen Zörnlein und Wütlein vergessen hat. Bei Sebastian Franck finden wir beide Toleranzgründe nebeneinander, manchmal gegeneinander und infolgedessen nicht schlechthin mächtig.

Als Schriftsteller ist Theobald glatter als die Schweizer, gemäß seiner schon geschliffeneren Zeit und Gegend, dafür mangelt ihm das nachdrückliche Gewicht, der scharfe Sprachumriß, der mitbedingt wird von dem Ringen mit Latein und Hochdeutsch. Sein Ton hat etwas von der resignierten Biederkeit, welche die böhmische geistliche Lyrik im Kirchenlied der Reformationszeit auszeichnet, etwas von dem slawischen Quietismus, der der Ausgleich des slawischen Fanatismus ist: das Heilmittel einer Bevölkerung von besonderer Anziehungskraft für wilde Leiden. In die deutsche Literatur kam viel davon über Schlesien, das ja immer reich war an Mystikern, Quietisten und Latittudinariern aller Art. Die vielgepriesene slawische Breite hat sich hier gleichsam gesetzt, man kann sagen »verschult«. Als Beispiel für die achselzuckende Gebärde des Hussitenhistorikers führe ich den Schluß seiner Schilderung von Hus' Tod an. Nachdem er die Greuel, die mit Hus' Leiche getrieben wurden, mit anschaulichem Behagen berichtet, meldet er:

»Der ort aber do solches geschehen / ist zwischen den Gärten der

Vorstad / neben dem weg / do man nach Gottleben gehen wil. Es sagen etliche / die an dem Ort gewesen / das an derselbige stell bis auff den heutigen tag kein Grasz wachse. Ob es war / weis ich nicht.«[7]

Aus einer ähnlichen Lage, aber mit festerem Wuchs, stammt die »Dithmersche Historische Geschichte« von Johann Adolph Köster oder Neocorus (etwa 1550–etwa 1630).[8] In manchem ähnelt er den Schweizern, besonders durch den Gebrauch einer noch unabgeschliffenen Stammessprache, des Niederdeutschen. Er kommt von der Theologie her und endet – nach einer von mancherlei Zwisten mit Vorgesetzten und Gemeindemitgliedern verbitterten Laufbahn – als abgesetzter Prediger in einem kleinen Dithmarscher Dorfe. Er ist also ein Landsmann Hebbels und mag die unschmiegsame, einzelgängerische und trotzige Heftigkeit mit ihm geteilt haben wie mit den meisten Genies der nördlichen Küsten. Die Ereignisse, die ihn zur Aufzeichnung lockten, gehören – wie die Perserkriege, die Hermannsschlacht und die Burgunderkriege – zu den epischen Freiheitskämpfen kleiner Gemeinschaften gegen hoffärtige Zwänger und Dränger. Solch ein Freiheitskampf bleibt selbst in den Nacherzählungen von Schulbüchern eindrucksvoll, erst recht in der Darstellung von Männern, denen die Sache noch am Herzen liegt wegen mutiger Erinnerungen und dauernder Sitten. Der Dithmarscher Kampf ist lokaler und ohne die weltgeschichtliche Tragweite und Sichtbarkeit der genannten anderen Kriege. Er reicht wenig über die kleinen Stammesfehden des deutschen Mittelalters hinaus, und es kommen darin keine so einleuchtenden Führer und Treiber vor wie Hermann oder Themistokles oder Tell, keine sinnbildlich vermessenen Opfer wie Karl der Kühne, kurz, keine Träger weltgeschichtlicher Verhängnisse. Alles bleibt in einem eher kollektiven Heldentum: man behält im Gedächtnis mehr die alten Stammessitten, fast vorzeitliche Überlieferungen, als Ereignisse oder Personen. Der wuchtige Trutz einer zähen, altersfesten Menschenart, einer zuständlichen Dauerschicht gegen einen zufälligen, willkürlichen, kurzatmigen Einbruch von Fremdlingsbegierden ohne imperiale Weite, Helle und Pracht, prägt sich mehr ein als die Einzelheiten. Kösters Buch wirkt, obwohl Kriegschronik, eher als eine Kulturgeschichte, wenn auch einige Homerische Zweikämpfe während der Schlacht hervorgehoben werden, wie der zwischen Junker Schlensz und Karspel Nienkerken. Zu dieser Unsichtigkeit der Personen mag freilich der niederdeutsche Dialekt beitragen. Ein so wüchsiger Dithmarscher aber Köster auch ist

– sein Humanistenehrgeiz (den ja schon sein lateinischer Name Neocorus bezeugt) ist aufdringlicher als der Tschudis, weil er nicht so breit und satt eingebettet ist in eine schon durchhumanisierte Denkweise, sondern sich abhebt, steiler und schroffer, von sturem Bauerntum. Mitten in der Schlacht von Hemmingstedt feiert er den leonidashaften Heldenmut der Minderzahl gegen die Übermacht mit einem griechischen Zitat und einem Hinweis auf das lakonische Vorbild. Immer wieder: wir können auch bei den scheinbar urwüchsigsten Heimatschilderern selbst entlegener Gegenden neben dem Naturtrutz die echt germanische Fernensucht nachweisen. In der Lutherzeit bekundete sie sich als humanistisches Tasten und Prunken, bezeugt in Plutarchischen und Livianischen Reminiszenzen, in der Völkerwanderung als begieriges Ringen mit den römischen Reichstrümmern, in der Stauferzeit mit der Eineignung des zersprengten Orients, in allen Zeiten durch die Mühsal der Erweiterung.

Ein anderer nordischer Chronist, der mehr lokale als universale Ereignisse und Zustände berichtet hat und vor allem durch die Reformation redefreudig geworden ist, war Thomas Kantzow. Seine »Pommersche Chronik« arbeitete er zweimal um, die erste Fassung ist niederdeutsch, die beiden nächsten hochdeutsch, wahrscheinlich eine Folge der reformatorischen Expansion. Kantzow, 1505 in Stralsund geboren, war als Sekretär der Pommerischen Herzöge Barnim XI. und Georg I., dann als Geheimschreiber Philipps I. in Wolgast, einer der Pioniere des Luthertums in diesen noch etwas stockigen Gegenden. 1538 zog er, der politischen Dienste müde, begierig nach wissenschaftlicher Musse, nach Wittenberg, einer der nächsten Freunde Melanchtons und Bugenhagens, in den Bannkreis Luthers selbst. 1542 starb er in Stettin, wohin man ihn krankheitshalber gebracht hatte. Die humanistische Bildung war ihm geläufig, sein Hauptlehrer Albert Krantz in Rostock, ein tüchtiger Neulateiner und Historiker nach den Rezepten Petrarcas, das heisst Vivianer, hat ihm wahrscheinlich den Gedanken seiner »Pommerschen Chronik« gebracht, woran er lebenslang arbeitete. Die Art seines Stoffs nötigte ihn ebenso wie den Johann Adolf Köster zu mehr stabilen als aktiven Schilderungen und zerließ seine Chronik vielfach in Kulturhistorie oder Anekdote. Ereignisse, die als solche seine Einbildungskraft entzünden konnten durch persönlichen Heldenglanz und mächtige Umstürze, fanden sich nicht in seinem Historienbereich: nicht einmal eine Schlacht von Hemmingstedt, geschweige von Grandson, von Murten oder Sempach konnte er zu Glanzquellen seines Werks machen. Überhaupt ist seine »Pommersche Chronik« weniger ein Buch des vaterländischen Eifers, obschon es ihm daran nicht gefehlt hat, als eine gelehrte Sammelarbeit gediegenen Heimatsinns und humanistischer Nachahmung. Auch ihm mögen Livianische Lorbeern vorgewinkt haben, aber Stettin ist nicht Rom. Der Dunstkreis, worin sein Mühen sich regte, war die Lutherische Schulreform, die sich mit der humanistischen Aufklärung damals mischte: Verbreitung von Kenntnissen aller Art, Hebung des protestantischen Lehrstandes als eines rede- und schriftkundigen, wissenslustigen und kenntnisreichen (gegenüber der vermeintlichen mönchischen Trägheit und Ignoranz) gehörte zu Luthers und seiner Sendlinge Pflichten, und wo nur irgendein Ruf von aussen diese beständige Bereitschaft zu gelehrter Auszeichnung einen begabten und strebsamen jungen Lutheraner traf, der nicht völlig von Glaubenszwisten fanatisiert war, freute er sich der würdigen Aufgabe. An Kantzow fällt besonders die saftige, beinahe schmatzende Sachenfreude auf, etwa seine Schilderung des Götzen Schwantevest in der Stadt Arkhona auf Rügen.[9] Sie geht über den blossen Berichtbedarf hinaus, soll auch nicht nur Belesenheit zeigen: ein verselbständigtes Behagen an ungewohnten oder scheusslichen Dingen und Bräuchen macht sich darin breit, das der Würde der strengen Historie vielleicht Abbruch tut, doch dem Buch Kantzows über seinen Quellenwert und über seine blossen Aussagen hinaus noch heute seine Frische wahrt. An der Stelle freilich, die ich zitiere, hat, ausser der nachträglichen Neugier des Kulturhistorikers, der fromme Eifer des Christen mitgeschrieben, der sich über den scheusslichen Götzendienst – mit einer heimlichen Wollust – empört:

»Mitten in der Stat war ein hüpscher freyer platz; darauf stund ein schöner tempel, den die Rhügianer vor allen andern tempeln, in grosser erwürde hielten. Darin stund ein scheusslich gross bild des abgotts Schwanteveits, welches mit der grösse aller menschen gestalt übertraff. Das hette vier heupter, davon zwey auff die brust und zwey auff den rüggen sahen, doch so, das einem deuchte, das von den fornisten und hintersten eins stets zur rechten, und das ander zur linken sehe. Dieselben heupter hetten, nach art der Rhügianer, kurtz abgeschnitten har und berte; und der abgot hette in der rechten hand ein horn von Metall gemacht, welches der pfaff alle jar vull getrencks pflag zu giessen, und draus weissagen des nachfolgenden jars frücht- oder unfrüchtparkeit.

Die lincke hand was jme etwas in die seite gebogen, und darin hielt er einen bogen mit pfeilen, und hette einen langen rock an, bis auf die schenckel. Mit den füssen stund er gleich der erden, wie ein mensch; aber unter der erd het er noch ein schemel, da er auff stund; aber das khonte man nicht sehen, sondern man meinte, er stund sunst frey auff seinen füssen. Nicht fern von jme sahe man zaum, sattel und ander götzenwerck, unter welchem allem sein schwerdt das seltsamste war, welches sehr grosz was, und hüpsch gereiffet, und mit silber schalen und scheiden geziert was. Demselben abgott hielt man einmal im jar hohe feyr, und eine gute zeche dergestalt.«[10]

Von diesen Lokalhistorikern, die in Kulturhistorie auslaufen, geht die Geschichtsschreibung dieses Zeitraums fast unmerklich über in die Schwank- und Zotenbüchlein, ja in die Sprichwortliteratur. Der Lehrzweck (nicht nur der Wissensgrund) der damaligen Historie hielt sich mit besonderem Nachdruck an Geschichten auf, welche der Moral dienen konnten. Dazu waren kleine Begebenheiten berühmter Personen oder allvertrauter Stände und Gewerbe bequemer als die grossen Ereignisse. Viele Sprichwörter wiederum, Apophthegmata, Sentenzen, Adagia und wie die Gattungsformeln der Humanisten lauten, liessen sich zurückführen, besonders vom Altertum her, auf Anekdoten geschichtlicher Herkunft. Schon Caesar hat eine solche Sammlung angelegt, erhalten sind uns die dem Plutarch zugeschriebenen Apophthegmata und – ein Lieblingsbuch der gesamten Renaissance, immer wieder übersetzt und aufgelegt – die neun Bücher »Factorum ac dictorum memorabilium« des Valerius Maximus aus den Tagen des Kaisers Tiberius. Auch des Sueton Kaiserbiographien bestehen grossenteils aus anekdotischem Hof- und Stadtklatsch. Der Gründer der humanistischen Herrlichkeit, Petrarca, hatte die antiken Überlieferungen mit dem doppelten Sinn für Zelebrität und Moralität ausgebeutet für seine »Remedia utriusque fortunae«, ein Trost- und Ratbuch für alle Lebensschicksale, gute und böse, worin er die berühmten Nothelfer aus der Historie vergegenwärtigte als Ermutigungs- oder Abschreckungsbilder. Dieses Buch der hausgerechten Heldenverehrung und der historisch begründeten Sittenlehre fand Zuspruch in ganz Europa. Der Grossmeister des nördlichen Humanismus, Erasmus von Rotterdam, hatte ebenfalls, freilich mehr der Stilübung wegen, eine dicke Sammlung »Adagia« angelegt: sinnreiche pointierte Aussprüche berühmter Männer, zumeist aus dem Altertum, auch dieses eines der meistgedruckten Bücher der Lutherzeit. Einige von den Sprichwortsammlungen der Zeit sind um des Wortes willen, um des Witzes oder der sinnvollen Wendung verfertigt, zum Beispiel die des Sebastian Franck, des Agricola, des Tunicius. Andere, der Historie näher, suchen mehr das Faktum, das historische Drum und Dran der Anekdote zu überliefern. Dahin gehört Christoph Lehmann aus Finsterwalde (etwa 1570–1638). Er hat sich als Chronist der Freien Reichsstadt Speyer Ruf erworben, eine mit gesamtdeutschen Ausblicken bereicherte Stadtchronik.[11] Daneben besteht von ihm ein »Florilegium Politicum«,[12] eine Sammlung von historischen Anekdoten mit lehrhafter Spitze, doch selbständigem Vergnügen am schalkischen Vorgang. Stilistisch gehört Lehmann schon in die Opitzzeit, ich erwähne ihn nur, um den Übergang zwischen Alltagsmoral und dem Gedächtnis einmaliger Geschichte zu kennzeichnen. Bei dem Geschichtsphilosophen der Lutherzeit, Sebastian Franck, wird der Zusammenhang beider Gattungen untereinander und der Zusammenhang beider mit der Gottesdeutung der Weltgeschichte noch sichtbarer. Doch ist Franck eine solch ausserordentliche Persönlichkeit, daß man den gesetzlichen Ursprung der Anekdote aus der Historie besser an einem Durchschnittsmann wahrnimmt... nicht bei einem stürmischen Märtyrer, sondern bei einem wackeren Lehrer.

V

Johannes Aventinus und
Sebastian Franck

Die beiden grössten Historiker der Lutherzeit habe ich ausführlich im Zusammenhang der deutschen Reformation behandelt [13] und fasse hier nur kurz diejenigen Anlagen und Leistungen zusammen, wodurch sie unsrer klassischen Geschichtsschreibung vorgewirkt haben, Johannes Aventinus (1477–1534) und Sebastian Franck (1499–etwa 1545). Beide waren Opfer und Nutzniesser der religiösen Umwälzungen, beide tief fromme, selbständige Denker, denen die Glaubenswende den Blick auf die mannigfachen Wege und Wohnungen Gottes in der Geschichte geschärft hatte, beide zugleich universal gebildete oder wenigstens belesene Humanisten, beide in den Formen des 16. Jahrhunderts, was ja schon im Begriff des Humanismus liegt, herzliche Individualisten, die sich nach Möglichkeit über die kollektiven Pflichten und Treuen gegen Stand, Staat, Volk und Fürst hinaus das freie Urteil sichern wollten und der Gerechtigkeit dienen, lauter Voraussetzungen der echten Historie.

Aventinus hat in seiner »Bayerischen Chronik« [14] (zuerst lateinisch geschrieben, dann von ihm selbst verdeutscht) zum ersten Mal in neuhochdeutscher Sprache auf Grund gewissenhafter Quellenstudien eine deutsche Geschichte mit der durch Luther befreiten Redekraft verfasst. Denn sein Werk enthält mehr als nur die Historie seines Landes, weil er – ähnlich wie sein Zeitgenosse Tschudi, doch zentraler und durch eine weit verständliche Sprache gefördert – die gesamten Volk- und Weltkräfte, die auf sein Land einwirkten, von diesem Land aus betrachtet und so die bayerische Geschichte zu einer sinnbildlichen Welthistorie in nuce erweiterte. Goethe, kein Freund der Historie, ausser soweit sie Enthusiasmus erweckt, rühmt diesem Werk nach: »Wer das menschliche Herz, den Bildungsgang der Einzelnen kennt, wird nicht in Abrede sein, daß man einen trefflichen Menschen tüchtig heraufbilden könnte, ohne dabei ein anderes Buch zu brauchen als etwa Tschudi's schweizerische, oder Aventins bayerische Chronik.« [15] Obwohl die Schweiz stofflich fast eine merkwürdigere Geschichte hat als Bayern – wenigstens vom 12. Jahrhundert ab – so hat Aventinus doch durch seine

Sprache (nicht durch seinen Stil) für die gesamtdeutsche Historie einen Vorsprung vor Tschudi. Die Vorzüge beider, bei genauer Kenntnis beider, hat dann Johannes von Müller vereinigt: freien Weltblick, genauen Sachenfleiß, Universalität auf dem Grunde heimatlichen Eifers, staatsmännisches Verständnis, wenn auch ohne Tschudis tätige Sicherheit und Zucht, dafür mit dem Blick in grössere Weltangelegenheiten… Meisterschaft der gesamtdeutschen Sprache, ohne Aventinus' Luthernähe, doch mit geschmeidigerer und vielfältigerer Kunst.

Sebastian Franck, in seinem Jahrhundert der grösste Stilist der Deutschen nächst Luther, verhält sich zu Aventinus ähnlich wie Herder zu Johannes Müller. Er trachtete nicht nach der erstmaligen Feststellung verborgener oder verschollener Fakten, denen Aventinus so nahe wie möglich zu kommen suchte durch Fünde von Akten und dergleichen an den mutmasslichen Belegstellen der jeweiligen Ergebnisse: er wollte von einem erlebten, geglaubten, geschauten Urgrund aus, dessen Kräfte er mikrokosmisch nachschwang, in die Verästelungen der tausendformigen Wirklichkeit eindringen. Dazu dienten ihm die vertrauenswürdigsten, oft auch nur berühmtesten oder zugänglichsten Zeugnisse der aufgezeichneten Geschichte. Nicht der Eigenwert der Fakten, sondern ihr Zeichenwert hieß ihn Geschichte schreiben. Seine moralischen und religiösen Gebrauchsanweisungen sind nicht (wie bei Aventinus) die Folgen, man kann beinahe sagen, die Abfallprodukte oder die Begleiterscheinungen seines historischen Berichts, sondern ihr Grund. Da ihm der Geschichts-*Forschergeist* abging, das Vergnügen am Aufgraben und Aufstöbern von Akten – ein wesentlicher Antrieb des Aventinus – so sind die erzählenden Teile seiner »Chronika, Zeitbuch und Geschichtbibel«,[16] seines »Weltbuchs«[17] und seines »Germaniae Chronicon«[18] oft blosse Kompilationen und nur durch die gottsuchende Ungeduld seines Vortrags vielfach erhoben über seine Quellen. Als Kirchenhistoriker hat er von der Dogmatik her, unter seinen eignen Erfahrungen als Ketzer, auch forscherliche Verdienste, zumal hier Geschehnis und Deutung minder rein zu scheiden sind als in der Politik. Man hat ihn erst überschwenglich als Historiker gepriesen,[19] dann geringschätzig als einen Abschreiber abgetan: beides verkennt aus einem falschen Begriff von Originalität seine Stellung. Auch als Historiker ist er Theologe, und wenn er die lateinische Weltchronik von Hartmann Schedel oder von Johannes Böhme ausbeutet ohne Quellenangabe, so versündigt er sich nicht gegen den Geist, aus dem er diese seine Bücher empfangen und verbreitet hat, so wenig wie Herder, wenn er Plutarch, Livius oder wen immer verwendet. Freilich lastet der chronikalische oder sonstige Rohstoff Francks massiver auf seinen theosophischen Reflexionen als Herders Lektüre auf seinen Gedanken. Zu Herders Zeiten war die Historie gründlicher durchgeknetet und vergeistet als in den Tagen Francks. Fraglos war Herder ein grösserer Geist, aber die Verknüpfung und Lehren sind die Hauptsache bei Franck, und man muß seine Berichte etwa so lesen wie die historischen Anmerkungen zu einem philosophischen Text. Ferner (ich wiederhole) ist es ein Wahn unsres kritischen Zeitalters, Originalität in der Neuheit des Stoffs zu suchen statt in der Neuheit des Tons, in einer Zeit, da schon lesen und schreiben ganz andere Energien erforderten als heute, da richtig abschreiben können schon eine geistige Wendigkeit verlangte wie heut eine durchschnittliche Quellenuntersuchung. Genau dieselbe Aussage, die bei Hartmann Schedel als dürre Notiz dasteht, pocht bei Franck von Leidenschaft.

Die Geschichte der Dichtung wimmelt von ähnlichen Missverständnissen – ich nenne abermals nur die beiden grössten Beispiele: jede Aussage Dantes steht als solche schon anderswo, aber sie erscheint erst durch ihn als Bild, nicht als Sache. Kein Vorgangsmotiv aus Shakespeare, wozu man nicht die Quelle nachweisen könnte, die mit dem Shakespearischen daran nichts zu tun hat. Zwar ist zwischen den Plagiaten Francks und seiner Eigenheit der Unterschied nicht so ungeheuer wie zwischen dem alten König Lear und dem Shakespearischen, zwischen der Philosophie des Thomas von Aquin und ihrer Dantischen Dichtung: aber man muß darauf hinweisen, wo Franck selbst zu suchen und zu rühmen ist, damit man ihn nicht von oben herunter abkanzelt, weil er keine neuen Quellen ausgebuddelt hat. Auch ist zwischen ihm und Herder kein Genius in der Historie erschienen, der eine solche Geschichtsmasse so eindringlich verarbeitet hätte, kurz, kein deutscher Geschichtsphilosoph seines Ranges. Die gewissenhafteren Gelehrten des 17. Jahrhunderts, Pufendorf u. a., sind weniger Geschichtsseher als Geschichtssammler und überdies mit all ihrem wackeren Fleisse Schulmeister, ohne auch nur eine Ahnung vom Kräftewandel, der in den Geschichtsereignissen sich niederschlägt.

VI

Kosmographie: Sebastian Münster

Eines der grossen Sammelwerke, welche die geschichtlichen Wissensmengen verbreiteten und durch eine leidlich behende Sprache – mehr noch durch Holzschnittbilder – den wissens- und nutzbegierigen Massen von den Fürsten bis zu den Handwerkern die erweiterte Welt der Entdeckungsjahrhunderte zugänglicher machten, ist die »Kosmographie« des Sebastian Münster. Es bildet der Gattung nach einen Übergang von den geschlossenen mittelalterlichen Enzyklopädien eines Vincenz von Beauvais oder Brunetto Latini, deren letzte auch die von Franck benützte Hartmann Schedel'sche »Weltchronik« ist, zu den »kuriösen Relationen« eines Eberhard Werner Happel oder dem »Grossen Schauplatz lust- und lehrreicher Geschichte« von Harsdörffer und ähnlichen Stoffhaufen. Denselben Bedürfnissen dienen im 19. Jahrhundert dann die illustrierten Zeitschriften des deutschen Mittelstandes: »Gartenlaube«, »Über Land und Meer«, »Vom Fels zum Meer« usw., in unseren fixeren Tagen die stupidbehenden Magazine. Vom Mittelalter her hatte Münster noch eine kosmogonische Universalität – wenigstens als Anspruch – mitbekommen: aus Gottes wandellosem Willen und Gesetz dachte man sich die Ordnungen mathematisch-theologisch hervorgebracht. In dem Worte Vorsehung liegt der Begriff einer solchen göttlicher Einheit und Weisheit, und zugleich schwingt in ihm die menschliche Teilnahme daran, die Aufgabe der Nachsehung oder Nachforschung. Mit den ungeheuren Erweiterungen des Gesichtskreises nach 1500 verselbständigten sich die Stoffmassen gegenüber den theologischen Ordnungen mehr und mehr, unbeschadet des jeweiligen Vorsehungsglaubens. Die Historiographie der beiden nach-Lutherischen Jahrhunderte erstarkt und krankt an dem masslosen Wissensgewicht. Wie die Dichtung des 17. Jahrhunderts, auch schon des ausgehenden sechzehnten bald durch massive Rohheit, bald durch Schwulst entstellt, ent-staltet wird, so auch die Historie.

Sebastian Müller aus Ingelheim (1489–1552) war in Heidelberg Professor für Hebräisch und Mathematik. Die Vereinigung beider Fächer, zu denen 1527, als er nach Basel berufen war, noch Theologie, Geographie und Astronomie kam, bezeichnet ausser dem Umfang seiner Kenntnisse – er war einer der grossen Renaissance-Polyhistoren – auch die Herkunft seines Wissensdrangs. Die hebräische Sprache als die Sprache der Gottesoffenbarung und die Mathematik als der seit Platon anerkannte Bauplan der Gotteswelt, kurz, Schöpfung und Ordnung, Pneuma und Zahl waren die beiden Pole seiner Wissenschaft. Was bei Sebastian Franck die Gottesdeutung, das war bei ihm die Welterfahrung. Soviel er auch Büchern entlehnte, insbesondere wo er Raum- und Zeitferne behandelte: er hatte doch mehr als Franck ein Bedürfnis nach Autopsie, war ein grosser Wanderer und durch sein mathematisch-astronomisches Gewissen nicht so bereit zur Mystik, zum Sturz in den dunklen Gottesgrund oder in die übergestaltige Erleuchtung. Er war ursprünglich Franziskaner, dann Protestant. Sein Hauptwerk neben einer philologischen hebräischen Bibelausgabe und mancherlei Einzelschriften aus seinen verschiedenen Fächern ist die »Cosmographia« oder, wie der Untertitel lautet »Beschreibung aller Lender durch Sebastianum Munsterum in welcher begriffen Aller völcker / Herrschafften / Stetten / und namhafftiger flecken / herkommen: Sitten / gebreüch / ordnung / glauben / secten / und hantierung / durch die gantze welt / und fürnemlich Teutscher nation. Was auch besunders in jedem landt gefunden / unnd darin geschehn sey«.[20] Er hat sie selbst ins Lateinische übertragen,[21] um der gesamt-europäischen Bildungswelt seine Forschungen zugänglich zu machen. Das Buch war ein Lieblingswerk der Barockleserschaft, wurde bis tief in die Opitzzeit in der deutschen Fassung immer wieder aufgelegt, lateinisch seltener, doch auch häufig genug, französische und italienische Übersetzungen brachten es den Laienkreisen der renaissancewilligsten romanischen Kulturvölker näher. Auf wie vielen Rinnsalen, mit und ohne Namensnennung, Münster das Allgemeinwesen der beiden nächsten Jahrhunderte erreicht, befruchtet oder belastet hat, ist noch nicht untersucht, und ich kann es hier auch nicht erörtern. Aber er ist fraglos einer der einflussreichsten Kenntnisträger seines Zeitalters und mehr als das: ein Mittler des Forschergeistes überhaupt aus der Lutherzeit in die Leibnizzeit.

Seine Vorrede an Gustav Wasa ist denkwürdig und unterscheidet sich durch ihre Frische von dem Behagen der mehrfach erwähnten Lastträger aus dem 17. Jahrhundert: »zu beschreibenn die gantze welt... erfordert ein weitschweiffig und wol bericht gemüt / das vil gelesen / vil gesehen / vil gehört und vil erfaren hab / welches dannocht alles noch nit gnug will sein / wo nitt ein recht urtheyl darbey ist / do durch man unterscheide das war von dem falschen / und das gewissz von dem ongewissen«.[22] Nach der Bibel kennt er kein »nützlicher« Buch als die »Historien«. Darin ist er Franck und allen streng gottesgläubigen Historikern verwandt, daß er Gottes Hand in der Historie sucht und hinter oder in dem Wandel der Völker, vor allem in ihrem Aufgang und Hinfall, den ewigen Ratschluß vernehmen will. Solche Gedanken der Vorrede weisen zurück auf Augustins »Civitas Dei« und voraus auf Herders Ideen. Doch hat er mehr Geduld als beide mit den Beständen, daraus er die Vergängnis in die Ewigkeit ableiten will. Seine Geschichtsphilosophie mit ihrem unerforschlichen Grunde stört ihn da nicht vor der freudigen Wahr- und Wichtignehmung der vergänglichen Dinge selbst. Als echter Humanist hat und nennt er auch ein antikes Vorbild, den Geographen Strabo. Als den Zweck seines Buches, das vor ihm keiner gewagt »in sollicher gestalt / unnd in Teutscher Zungen« gibt er an: »Ich hab hie ein Compendium und kurtzen Begriff von allen Ländern der Erdtrichs dem gemeinen Mann wöllen fürschreiben / sich darinn mit lesen zu erlustigen / und den gelehrten ein weg anzeigen / wie man noch so viel Teutscher Chronographien / auch gar / nutzliche Cosmographien schreiben möchte.«[23] Der Bahnbrecher-ehrgeiz spricht daraus. Nach der Vorrede über den Zweck gibt er eine Erläuterung seines Titels. Die Geographie oder Kosmographie rühmt er als erster in Deutschland als die Grundlage aller Historie, ja aller genaueren Bibelkunde. Der Nutzen der Geographie musste den Lesern Münsters handgreiflich nahegebracht werden: sobald die selbstgenugsame Wissenschaft heraustrat, konnte sie nicht der praktischen Zwecke entraten. Was hätten zum Beispiel (meint Münster) die Spanier an Zeit und Geld erspart vor der Entdeckung Amerikas, wenn sie in Kosmographie besser Bescheid gewusst hätten. Das Ansehen der Kosmographie im Altertum wird humanistischerweise betont, das Glück, das man jetzt in Büchern finde, was früher mühselige Reisen erforderte. Den Wandel der Barbarei selbst zur Zivilisation vermöge der Erdkunde schildert er in beinahe poetischen Sätzen als ein Verdienst seiner Wissenschaft. Der Reformator freilich schliesst daran einen Bericht über das Teufelswerk, die Abgötterei, die wieder verdarb, was die Erkenntnis gewonnen. Den theologischen Wink belastet er mit einer kurzen Kulturgeschichte mannigfacher Götzendienste, dann kommt er wieder auf die Vorgeschichte und den Nutzen seiner Wissenschaft: immer das Gemisch von Prediger, Forscher und Sammler, von stillem Betrachter der Gotteswerke, wackerem Bürger und theologischem Schulmeister, das sein ganzes Werk kennzeichnet, Zwiespalt zwischen tiefen Gründen und flachen Zwecken – ein Merkmal aller reformatorischen Publizistik. Münster gibt dann seine Quellen an und die Einteilung seines Buchs. Der erste Teil erklärt mathematisch die »Figur der ganzten Welt«, im zweiten Teil kommen Irland, Britannien, Spanien, Frankreich und Italien zur Sprache, im dritten Teil Deutschland. Im vierten Buch behandelt er die für ihn noch geschichtsärmeren europäischen Randgebiete: Skandinavien, Ungarn, Polen, Russland und den Balkan, im fünften Asien, im sechsten Afrika.[24] Schon die Einteilung verrät neben dem eigentlich geographischen den geschichtlichen Eifer: den Kern des Werks bilden die geschichtshaltigsten oder um 1550 geschichtsgültigsten Länder. Alles Exotische, zum Beispiel auch die neuen Inseln, betrachtet Münster mehr als reizvolles Rankenwerk, mit minderem Pflichtgefühl und minderer Sachkenntnis. Dafür entschädigt der reine Stoffreiz unwahrscheinlicher Fernen. Die deutsche Geschichte bezeichnet er ausdrücklich als sein Lieblingsthema und Gerechtigkeit in allen deutschen Händeln als seinen Vorsatz. Wo er nichts Gewisses habe erfahren können, habe er lieber geschwiegen – abermals ein Zeugnis des rechtschaffenen Humanismus, den wir schon bei Tschudi als Steigerung, manchmal als Gegengewicht der herzlichen Heimattreue fanden. Dann kommt eine Liste seiner Gewährsmänner in deutschen Einzelangelegenheiten und eine Bitte um Nachsicht für etwaige Irrtümer, die manchmal ihm durch Berichte anderer, aus Mangel an Autopsie der gesamten Erde unterlaufen müssten. Wenn er nicht immer sicher sei, besonders in seinen Berichten aus den fernen Ländern, so sei er doch nie langweilig. Die unschuldige mittelalterliche Fernenlust spricht hier noch in den redlichen Forschereifer herein, der Abenteuer des Geistes entlastet den sesshaften Nutzniesser sicherer Kenntnisse und wissenschaftlicher Pflichten.

Im Stil des ganzen Werks wiederholt sich die Misshelligkeit zwischen seinen verschiedenen Gründen: einmal sind es reine Aufzählungen des Sammlers, der in seinem Museum seine Exzerpte aus den Schriften anderer trocken wiedergibt, gelegentlich mit kurzen Beiworten des Lobs oder Tadels – auch diese mehr pflichtgemäß abgeschrieben als der Ausdruck selbständigen Urteils. Dahin gehören etwa im zweiten Buch die langen Listen von berühmten spanischen Gelehrten, Städten und Landschaften, Einkünften, Export- und Importgegenständen. Dann – besonders im dritten Buch – kommen die frischen, durch Anteil oder Abscheu geregten Wahrnehmungen aus vertrauter Merkwelt zu Worte: der Tonart nach dem Aventinus, sogar – ohne die Schnelligkeit – dem Sebastian Franck ähnlich. Verhaltene Leidenschaft eines gebildeten Mannes schwingt darin, der von Dingen spricht, die ihn doch auch noch angehen, etwa in der Schilderung berühmter deutscher Kaiser, Barbarossas und des zweiten Friedrich oder der Welfen- und Ghibellinenkriege. Man spürt die Nähe der Reformationszwiste, auch ohne daß Münster ausdrücklich darauf Bezug nimmt, in Sätzen wie denen über Friedrich II.: »Er gab ... dem Bapst viel Güter in Italia / und grosse Schencken / damit er sein Gunst erlangt / wie auch seine Vorfahren ihm hatten gethan. Aber der Bapst ließ ihn diser Schencke wenig geniessen.«[25] Eine dritte Schicht besteht in dem humanistischen, Petrarcistischen Gedächtnis-staunen, der Ehrfurcht vor römischem Altertum, etwa in der Schilderung vom Pont du Gard bei Nîmes:

»So jemand was wunderbares und gleichsam ein recht kennzeichen der alten Römischen Herrligkeit begert zu sehen / der mag sich von Avinion uber den Rhodan naher Ville Neve / dem König zugehörig / begeben / und durch Sage und Serignac den weg auff Vsais nemmen / so wird er nicht ohne verstaunen mit der that selbs erfahren / was doch die Römer vor zeiten für mächtige Leuth gewesen / welche nit nur allein auff dem flachen Veld / sondern auch in der höhe / haben ihre Macht erwiesen. Nach aller anzeigung / ist diß mächtig Gebäw / zur zeit Hadriani / beyde zu einer Bruck uber die Gar und Wasserleitung für die Statt Nimes auffgericht worden. Es werden auch noch die Brunnen gesehen / so durch gepflasterte Canal zusammen gezogen / und alssdann uber diß wunderbar hohe Gebäw geleitet worden.«[26]

Zugleich hört man daraus noch das Staunen vom eignen Augenschein des Wunderwerks her. Verwandt damit (doch weniger durch Zeitstaunen als Raumstaunen, weniger durch Hoheits- als Fremdheitsschaudern), stilistisch an alte Reisewunderbücher (Montevilla, Schiltberger u. a.) anklingend, auch vor allem durch wohliges Gruseln geregt und beredt, das heisst vokabelreich, sind seine Notizen über schlechthin unheidelbergische oder unbaselerische Gegenden, die Schilderung von Livland z. B.:

»Lyfflandt ist Sümpflig / Wäldig / Sandig / ohnbürgig / mehrtheils ungebawet / jedoch fruchtbar: Dann es andere umbligende Länder in thewrer zeit mit Rocken und Wäitzen entsetzen unn speysen mag / darzu hat es Vieh genug / allerley Fisch / auch Gewild / alß Bären / Elendt / Füchs / Lüchs / Mardern / Zobeln / Growerck / Lestli / Hermeli und Hasen. Die rechten Lyffländischen Hasen werden im Winter weiß: Die aber auß Littaw / so alle Wasser gefroren / hineyn lauffen / bleiben allwegen graw / verwandlen jhre Haar nicht / seind besser dann die Lyffländische Hasen. Die Reussen bringen auch etwan weiß Bärenhäut daher / werden in den sehr kalten Mitnächtigen Ländern gefangen. Die Teutschen Ordens Herren haben diß Landt jnnen / und ist ein Meister Teutsches Ordens da / der mit seinen Commentheuren und Vögten das gantz Landt regiert. Diser Meister helt Hoff zu Wenden / zwölff meil von Riga. Er lasst das H. Euangelium dem gemeinen Mann lauter fürtragen und verkünden. Er zwingt niemand der Religion halb / sondern lasst einen jeden bey seinem Glauben (dardurch er verhofft selig zu werden) bleiben / und das Unkraut mit dem guten Saamen auffwachsen. Er stunde vor jahren in gutem Frieden mit dem Moscowytischen Keyser: dann es hett derselbig Moscowyter auff der andern seiten mit dem Tartarischen König so viel zu schaffen / daß er noth halben mit den Lyffländern Frieden zu halten gezwungen. Die Lyffländer haben mit den Tartarn nichts zu schaffen / sondern ihr grosse Arbeit stehet in uberflüssigem fressen und sauffen / fürnemlich in den Schlössern und Herren-Höfen. Und wer in disem fall ein guter Kempffer und Dempffer ist / mag sich in dises Landt verfügen / wirdt von Kriegern gar ehrlich empfangen / und in jhr Ordnung gestellt. Und ehe das jahr herumb kompt / empfahet er seine Besoldung / nemblich Wassersucht / Schörbauch und dergleichen viel böser Müntz. Es ist der Schörbauch in Lyfflandt ein gemeine Kranckheit bey der Herren Höfen und jhren Gesind / und wie ich berichtet bin / sollens diejenigen so Tag und Nacht fressen und sauffen / und nichts darbey wercken / überkommen / und zum Leib ausschlagen... Es ist das elendest und betrübtest Volck / dessgleichen unter der Sonnen nicht gefunden wirdt. Sie essen grob Brodt und Speyss / so sonst bey uns die Schwein nicht fressen solten / und tragen Schuch von Bast geflochten / kauffen ein par umb drey pfennig. Die Ordens Herren bekümmeren sich mit den Bawren nicht viel / sondern lassen ihre Amptleuth damit handlen wie es jhnen gefallt. Es lebt das arm Volck und wirdt auch gehalten wie das Vieh / ohn alle erkandtnuss Gottes. Wann sie singen so heulen sie so jämmerlich wie die Wölff / und das Wort Jehu schreyen sie ohn underlass / und wann man sie fragt was Jehu bedeute / geben sie zu antwort / sie wissens nicht / sie singen wie jhre Voreltern auch gesungen haben.«[27]

Ich fasse zusammen: Münster ist, der geschichtlichen Wissensmasse nach, den ersten Deutschen seiner Zeit überlegen, sogar dem Aventinus. Er hat als Geschichtsschreiber kein so reines Werk hervorgebracht wie dieser, weil sich zu viel verschiedene Anlagen in ihm kreuzten. Bei Aventinus arbeiteten Patriot, Forscher, Stilist in derselben Richtung, und sein Gegenstand selbst, die bayerisch-deutsche Geschichte, konnte er durchdringen, wieweit er auch ins Einst und Abseits schweifen mochte. Das unermessliche Zeit- und Raumgebiet einer Kosmographie nötigte den Patrioten, den Geographen – das heisst den Naturforscher und Mathematiker – und den Historiker Münster zum Mitschleppen von vielen toten Stoffbürden, die ihn als solche weder durch Nähe noch durch Neuheit des Selbst-erforschten lockten, sondern nur der Vollständigkeit wegen vorgebracht werden mussten vom gewissenhaften Lehrer. Von Sebastian Franck, den er als Gelehrter unendlich übertrifft, unterscheidet ihn zum Schaden seines Stils der Mangel an Glaubenseifer, an prophetischem Schwung. Überdies war er kein Prediger und kein Redner: er kam von der transalpinen Philologie her als Hebraist und von der Mathematik. Die ganze Petrarcische oder Lutherische Redezucht lag ihm nicht sehr am Herzen. Stilistik, Rhetorik, elegantiae sermonis reizten ihn so wenig wie andere Naturforscher insgemein, mindestens schrieb er nicht um des schönen Stils willen wie der normale Humanist. Wenn uns (beiläufig) der Stil eines Galilei und selbst das Latein eines Gauss mehr sagt als die gesamte nach-Petrarcische Prunkrhetorik oder der Edelschwatz eines Chateaubriand oder Lamartine, so kommt das daher, daß sie als Personen gewichtigere Dinge zu sagen hatten, stärkere Herzen, hellere Köpfe, gesichtereichere Geister waren, nicht, daß sie das Gewerb des Redens besser gelernt hatten. Münster hatte viel zu viel Sachen zu sammeln, um sich auch der Wortkunst zu befleissen, und seine Sachen waren von vornherein keine sprachschöpferischen Inhalte wie die Gotteslehren Luthers, Meister Eckharts, Francks. So blieb er zwischen Kenntnisvermittlung und Erziehungswinken als Schriftsteller etwas halbschlächtig… ehrwürdig durch den Gesamtsinn seines massiven Riesenwerks.

VII

Dilettantentum

Unter den Nachfolgern und Benützern Sebastian Münsters, deren Zahl
unübersehbar ist auch ausserhalb der Erdkunde und Weltchronistik,
hat einer – unter Verzicht auf die universalhistorischen Ansprüche – die
vaterländische Wissenschaft Münsters erweitert: Matthias Quad von
Kinckelbach aus Deventer (1557–etwa 1610). Angeblich Sohn eines
Mainzer Domherrn, wurde er schon als Kind in den Pfälzischen, besonders Heidelbergischen Humanismus eingeführt, machte dann
grosse Reisen nach Skandinavien und Brittannien, ließ sich, etwa dreis-
sigjährig, als Goldschmied, Kupferstecher, Kartograph nieder, scheint
dann zuletzt als Gutsherr in Kinckelbach gestorben zu sein. Das Werk,
worin er seine vaterländische Polyhistorie niederlegte, heisst »Teutscher Nation Herrlichkeit«.[28] Von den bisher genannten Geschichtsschreibern unterscheidet er sich schon durch das genialische Dilettan-
tentum: er kommt weder von der Politik, noch von der puren Wissenschaft zu seinen Kenntnissen, sondern als ein wacher und herzlicher
Abenteurer, der sich in mancherlei Berufen umgesehen, mancherlei
Handwerk als Handwerk altmeisterlich trieb und durch Reisen sein
Heimweh und seinen Heimatstolz fühlen lernte, ohne daß er wie
Tschudi einem festen und gesetzten Bürgertum angehörte. Er unternahm seine Verherrlichung Deutschlands weder von einem reinen Erkenntnisdrang aus, noch als blosser Archivar und Aktenstöberer. Diese
Ungebundenheit unterscheidet sein Werk von den grossen Kompendien, mit denen es den treuen Altvätersinn und den wackeren Wander-
blick teilt. Er ist neuerdings als einer der frühesten deutschen Kunsthistoriker gewürdigt worden, weil er als Fachmann und Auch-Künstler
eine eigene Lust an Beschreibung von Kunstwerken, besonders archi-
tektonischen, bewährte. Wichtiger für unseren Zusammenhang sind
seine Künstlermärlein, besonders von Dürer. Er hat dadurch der romantischen Kunstauffassung Stimmungen übermittelt und gehört zu
den Begründern des kunstliebend klosterbrüderlichen Wahns von dem
schwiemeligen, gemütvoll-dumpfen, innig-unbeholfenen Geist des

Mittelalters, von den wackeren, fragenlos derben oder trutzigen Meistern Dürer und Cranach – ich habe davon ja gesprochen. Auch Quad selbst ist kein blosser Abschreiber überlieferter Schwänklein, sondern vermöge des Übergangs, den er sich wie draussen merkte, durch Reisen vermutlich noch verschärft, auf Generationsunterschiede aufmerksam geworden. Den Gegensatz zwischen Leben und Geist, der heute wieder, mindestens seit Nietzsche, die Geschichtsdeutung, die Weltdeutung überhaupt irritiert, hat Quad schon bemerkt und mit eben diesen Worten formuliert als einen Unterschied der Künstler vor und nach Dürer: Der »kluge und fliegende Geist« verdränge »das Leben der Vorfahren«.[29] Wir sehen schon an den Beiworten, daß ihm ein feines Sensorium und ein echter Sprachbegriff an entscheidender Stelle eignet. Man muß bis zu Grimmelshausen vorgreifen, um ein derart gefühliges, atmendes Beiwort in deutscher Prosa zu finden. Wir finden rückwärts kernige, anschauliche, saftige Beiworte, aber – ausser bei Luther und Franck – für Abstrakta wie ›Geist‹ auch bei den besten Historikern keine aus Geheimschwingungen heraufgehobenen Merkmale. Die Nähe des durchgeisteten 17. Jahrhunderts wittert hier voraus, die Opitzianische Redekunst, aber den Opitzianern – ausser Grimmelshausen, hie und da Moscherosch und einigen Lyrikern – fehlt neben den kunstvollen, farbigen oder würzigen Merkmalsworten durchgehends der feine Überschwang, den eine Verbindung wie »kluger und fliegender Geist« voraussetzt.

Seine gesamte Sprache verrät ohne nachweisbare Redekünste oder erstaunliche Redefülle durchgehend diese poröse Frische. Soviel Auszüge, Lesefrüchte, Zettelkästen dem Werk Quads eingearbeitet sind: nirgends stört uns die schwitzende Hurtigkeit eines Büchermachers, nirgends die bebrillte Andacht eines Aktenordners, nirgends das staubige Prusten eines Berichtvollziehers, der an einem missliebigen Auftrag sich abwerkelt. Es herrscht darin eine gesprächige Fröhlichkeit vom Schreiber zum Leser, nicht vom Prediger zur Gemeinde, nicht vom Pauker zu seinen Lernsklaven. Wenn ein gelahrter Herr der Perückenzeit dies Buch las, musste ihm zumut werden wie etwa den Kathedergrössen des 19. Jahrhunderts bei der Lektüre von Heines kenntnis- und erkenntnisreicher Schrift über die Romantische Schule. Ich führe ein Beispiel an. Quad berichtet die Urteile der Alten über »Natur und Eigenschaft« Deutschlands, Tacitus, Seneca, die er prall und bunt übersetzt:

»Teutschland ist voller umschweifender leuth, da ist ein ewiger Winter, ein finster Himmel, ein unfruchtbar Erdrich, kein haus, sonder allein hütten mit blättern unnd helmen bedecket: die Einwohner dantzen auff den gefrornen Lachen und Sumpffen umbher, und leben allein vom gewäld, wo sie die nacht oder müde begreifft, da ist jhr haus, ein übelbekleid nackent volck.« Nach diesem Zitat schlägt er mit der Hand auf den Tisch und preist den Wandel seitdem: »Siehe zu, ein solch land haben besessen unsere Vorfaren, uns seind gleichwols noch solche gehertzte menner und helden dabey gewesen, das die Römer welche nun in die achthundert jahr in stetigen wehr und waffen geubt waren, sie niemals zu jrem willen in gehorsam bringen kunten. Zwar, wurden sie heutigs tags unser Teutschland ein mahl besehen, sonderlich wie es in diesen letzten zwey oder dreyhundert jahren gestanden, sie wurden sich verwundern, wie ein solches Paradeis aus Indien hiehin gefurt were, oder ob sich das alte Griechenland und Italien hiehin versatzt hetten.«[30]

Ich betone diese Züge, weil jedes Erwachen einer neuen Sinnlichkeit in der deutschen Prosa wichtig ist für die Geschichte der Geschichtsschreibung. Auch bei Autoren, die weder durch neue Forschung noch durch neue Deutung hervorragen, achten wir auf jede Merknis und Sagekraft, zumal in dem schriftstellerisch fragwürdigsten Zeitraum der neueren deutschen Literatur, im 17. Jahrhundert, dem Winterschlaf des deutschen Lebensgeistes zwischen Luther und Lessing, als er wieder Fett ansetzte nach den Aderlässen der Religionskämpfe.

VIII

Übersetzungen – Geschichtskompendien – Moralische Spruchsammlungen des 17. Jahrhunderts

Kommen wir von Quad zu den Historikern dieses Zeitraums, so haben wir die Betrübnis der Öde, die Langeweile eines Vorzimmers: eine ungeheure Rezeption auswärtiger und vor allem antiker Historien, ohne die Freude an ihrem Sinn und Grund, die Einbusse des Gesichts für geschichtliche Gestalten, des Gefühls für Völkerschicksale oder mindestens die Unfähigkeit, Gesicht und Gefühl ins Wort zu bannen. Man muß, um dies wahrzunehmen, nur irgendeine Übersetzung der grössten antiken Geschichtsschreiber lesen, etwa den Tacitus »übergesäzet«,[31] oder den Caesar von Christian Weitmann unter dem Titel »Die kluge Tapferkeit«.[32]

Man rühmt als eine Ausnahme Wilhelm von Calchum-Lohausen's »Catilinarische Rotierung und iugurtischen Krieg«, eingedeutscht aus dem Sallust.[33] Es ist aber, ähnlich wie Quads »Herrlichkeit«, noch ein Nachzügler der Lutherzeit und, durch den Beruf des Verfassers – er war Offizier – nicht ganz der papierenen Starre oder Mast anheimgefallen, gründlich barbarisch, doch getragen von einer herzlichen Teilnahme am kriegerisch politischen Inhalt. Fast alles aussertheologische Schrifttum des deutschen 17. Jahrhunderts, was überhaupt Hand und Fuß hat, kommt von Leuten, die Kriegsdienste getan hatten: selbst die Poeten hatten damals kaum einen anderen Weg aus Kanzelritualien und Katchederbrettern als Schlachtfelder und die Rasten davor oder danach, Wirts- und Buhlhäuser.

Derselben Bildungsschicht wie Calchum gehört unter den Übersetzern militärisch-historischer Werke Johann Wilhelm Neumayr von Ramsla an, der italienische Kriegsliteratur übertragen[34] und Caesars Kommentarien erläutert hat.[35] Die spätere, vor allem nach dem Dreissigjährigen Krieg gezeitigte Historiographie des 17. Jahrhunderts kommt aus dem beziehungslosen Sammeln beliebigen Stoffs zu Lehrzwecken, wenn auch unter Vorwänden des Diensteifers, ja der Vaterlandsliebe. Die Vorwände waren nicht verlogen, so wenig wie die patriotische Hoffart der Opitz, Schottel, Zesen, Lohenstein, aber sie kamen aus dem Wissen um die Pflicht vaterländischer Haltung ohne eine Ahnung ihrer Gründe. Es waren akademisch-patriotische Programme, hergestellt und hinausgestellt oberhalb der Gründe, aus denen Vaterlandsliebe und -sorge quillt.

Im Gegensatz zur Übersetzungsliteratur der Lutherzeit ist die der Opitzzeit keine Eindeutschung fremden Gehaltes, sondern eine Anfremdelung deutscher Lehrzwecke an ausländischen Stoff. Der Hauptgrund dieser Umkehr ist das Erlöschen des Entdeckungseifers und der Gedächtnistreue, welche die Chronisten und Universalhistoriker im 16. Jahrhundert beseelt hatten. Der Aufbruch des Humanismus, wie ihn Huttens Wort »es ist eine Lust zu leben« kennzeichnet... das Gefühl der aufgeschlossenen, raum- und zeitverwirklichten Erde, wie es Münsters Kosmographie zeigt... der Lutherische Trotz und Furor, der auch das Erbe der Kirche, die gottbezogene Weltgeschichte, durchfuhr: all diese deutschen Gefahren und Kühnheiten waren im 17. Jahrhundert verschüttet, wenn nicht erstorben. Statt dessen suchte man ängstlich und sorglich den Anschluß an die gesicherten Bildungsformen und -arten der romanischen Nachbarländer, aus einem dunklen Bedürfnis nach ähnlichen Sicherungen, doch aus völlig falscher Deutung ihres Wesens und ohne eine Ahnung ihres geschichtlichen Geistes. Eben der Mangel an geschichtlichem Sinn, an Sinn für die Einmaligkeit der jeweiligen Ausdrucksformeln historischer, vor allem sprachlicher Denkmäler im Wandel ewiger Werte und Kräfte, verführte die überfremdeten Deutschen des 17. Jahrhunderts zur verständigen Nachahmung fremder Vorbilder als formalen Mustern. Die Lutherzeit hatte sich unbefangen den *Stoff* eingedeutscht, die Herder- und Goethezeit wollte den *Gehalt* eindeutschen: in beiden Zeiten blieb nicht – wenigstens in den symbolischen Werken – der öde Abstand zwischen Form und Stoff oder zwischen Form und Gehalt, der die Geschichtsschreibung wie die Poeterei im 17. Jahrhundert heute so ehrbar komisch macht, trotz und oft wegen der enormen Begabungen. Ein Mann wie Pufendorf lernte und sann so gründlich und weit wie Münster oder Müller. Trotzdem ist seine »Einleitung zu der Historie der vornehmsten Reiche und Staaten in Europa«[36] ein schwerfälliges, ungeniessbares Kauderwelsch von chronologischen Notizen, staatsrechtlichen Erörterungen und moralischen Betrachtungen, die kaum miteinander zu tun haben.

In dieselbe Reihe der gelehrten moralisch-politisch kommentierten

Kompendien gehört »Der Königlich Schwedische in Teutschland geführte Krieg« von Bogislaw Philipp von Chemnitz aus Stettin.[37] Er war Hofhistoriograph der Königin Christine und stoppelte sein Werk in ihrem Auftrag aus den Archiven zusammen. Ein zweiter Teil, der unter seinem Namen erschien[38], wurde früher dem gewaltigen Kanzler Oxenstierna zugeschrieben. Es kennzeichnet schon die Gattung von Chemnitzens Schrift, daß man einem Ausländer anderen Masses und Charakters seine Arbeit zutrauen konnte, so wenig hat sie ein personales Gesicht. Sie ist eine reine, mehr unter staatsrechtlichen als unter geschichtlichen Gesichtspunkten hergestellte Aktensammlung in einem grauenhaften Mengseldeutsch, noch heute geschätzt als »Quelle« zur Geschichte des Dreissigjährigen Kriegs, in unsrem Zusammenhang als ein Zeugnis deutscher Literaturgeschichte ebenso wichtig wie die zahllosen Akten, die in zahllosen Archiven stauben und knistern. Chemnitz ist berühmter geworden durch sein staatsrechtliches Werk »Dissertatio de ratione status in imperio nostro romanogermanico«,[39] ein gewichtiges staatsrechtliches Pamphlet gegen die Habsburgische Vorherrschaft. Er gab es unter dem Namen Hippolythos à Lapide heraus und wurde bis in die Zeiten der preussisch-deutschen Auseinandersetzungen immer wieder als Zeuge oder Autorität angeführt.

Pufendorf, einer der grössten Juristen, war ebenfalls ein untauglicher Historiker durch seine Sprech- und durch seine Sehweise. Sein Deutsch ist durch das Ringen mit dem Juristenlatein nicht gesteigert und gestrafft, wie das Johannes von Müllers durch den Wetteifer mit Tacitus, sondern gelähmt und verrenkt. Schlaksige Langsätze ohne Sprechgang, fürs Lesen, nicht einmal fürs Vorlesen bestimmt, weder der Predigt noch dem Gespräch verpflichtet, durch das Eindringen lateinischer, allenfalls französischer Tonfälle geschwächt, glitzernd von fremden Fachvokabeln, die nicht verdaute Fremdworte, sondern angeklebter Zierat sind.

Da fast die gesamte deutsche Prosa des Barock unter Fremdwörtern erstickt, mache ich hier eine kurze Abschweifung über deren Wert. Fremdworte gehören zur Sprachgeschichte jedes Volkes, und sie grundsätzlich auszurotten, ist ein Bestreben für Pedanten oder Fanatiker. Jedes Volk hat sich mit Fremdem, an Fremdem, aus Fremdem gebildet und bereichert, also auch mit Geräten, Waren, Einrichtungen, Werten und Lastern von drüben versehen, deren Namen ihm eingeredet bleiben. Worte wie Kaiser oder Papst, Kirche und Schule, Schürze und Kirsche und zahllose andere waren einmal Fremdworte. Sie gehören heute zu den deutschen. Die grössten deutschen Prosaisten, vor allem Goethe und unter den Historikern Ranke, Mommsen, Burckhardt, denen an gutem Deutsch lag, nützen Fremdworte bald zur Bezeichnung, bald zur Abtönung. Burckhardt, freilich Kind einer alten Humanistenstadt und eines dreisprachigen Landes, verficht ausdrücklich das Fremdwort. Im lebendigen Redefluß und Gespräch stockt und fremdelt es nicht, es fällt uns zu, es weht uns zu im Schwingen des tausendzügigen Denkens. In der grossen Lyrik, die aus den Quellen emporsteigt und wesentlich die Dinge benennt, die dem Menschen als einem Kräfteträger widerfahren, wird die Ausscheidung nur gesellschaftlicher Konversationsworte oder fachlicher Berufsworte sich unwillkürlich vollziehen, ebenso in der Prophetensprache von Herz zu Herz und von Menschen mit Mächten. Wissenschaft aller Art, die ihre Begriffe durch Jahrhunderte von Griechen und Römern her geerbt hat, die sich nicht an einen Stamm und eine Nation allein wendet, sondern Verständigungszeichen auch in ihrer eigenen Sprache bedarf für Hörer anderer Sprachen, die auf internationale Mitteilung angewiesen ist und viele neue Dinge täglich aus vielen Ländern empfängt, sichtet und nutzt – Wissenschaft braucht Fremdworte, sie wendet sich ja auch nicht an das stammhaftere Gemüt, sondern an den Verstand, der minder abhängig ist (wenn auch nicht unabhängig) von nationalen Sprech- und Hörgewohnheiten. Jedes Fremdwort ist zu ertragen, wenn es zuerst als solches dem Sprecher oder Schreiber eingefallen und nicht ergrübelt und bezweckt ist.

Die durchschnittliche Prosa des überfremdeten Deutschland ist nur deshalb so unleidlich, weil sie von Leuten kommt, die nicht eine Minute bei sich daheim sind, sondern unablässig als Einzelne oder als Gruppen nach Zuhörern schielen, vor denen sie gravitätisch, elegant, zierlich, neckisch oder achtbar dastehen wollen. Als ein Mittel solches öffentlichen Besserscheinens dient ihnen der Aufputz aus dem Sprachvorrat pompöser Nachbarländer, den sie eben als pompös und als fremd vorziehen der Sprache ihrer verwüsteten Heimat. Den tonangebenden Oberschichten passten sich dann die ohnehin auch wirtschaftlich von ihnen abhängigen unteren Leute bis in ihre muffigen Stüblein hinein an und vergassen, wie ihnen der Schnabel gewachsen war. Dazu kam noch die Verwelschung durch die streunende Soldateska, die widrige Rebarbarisierung von unten her, die keineswegs eine Renaturierung war, sondern eine Zerbildung aller heimischen Geister.

Die Fremdworte also, welche Pufendorfs oder Chemnitzens Schriften entstellen, gehören zu demselben eitlen Flitter, zu derselben aufgedonnerten Gravität wie die Perücken und Gewandungen, womit sich die damaligen Hof- und Ratsherrn bauschten. Sie sind – einerlei wie der Privatcharakter ihrer Verwender war – Vorwände für etwas Unvorhandenes... unsachliches und herzloses Geklapper und Geschlapper, und das Gegenteil dessen, was damit gemeint war: der Würde, der Sicherheit, die vom Leib aus sich gebärden, nicht von den Kleidern aus dargetan werden muß. Der Gegenstoß gegen die Fremdländerei der Sprache teilt – wie alle blossen Gegenstösse, die nicht von einer neuen Ebene und Höhe kommen – ihren Unfug. Die Deutschtümelei der Zesen, Schottel und anderer ist ebenso gestelztes Affentreiben – trotz allen Biedersinns – wie die Verwelschung, gegen die es sich abhebt. Wir haben in unsrer Zeit ähnliche Überfremdungen und Nationalfratzen. Das eine sind die armen Ladenschwengel, die sich als englische Gents aufspielen und denen man bis nach Argentinien hinein über alle Sportplätze des Äquators hinweg das Gässchen nachriecht, dem sie sich entflohen glauben. Das genaue Gegenstück dazu sind die horndummen Teutschfexen, die ohne die eigentlich deutsche – Goethische, Herderische, Rankische – Weite, ohne Glauben und ohne Bildung, sich mit Massengeschrei für Arminiusse halten.

Die geschichtlichen Gattungen dieses Zeitraums sind Folgen des verfestigten Despotismus, der verbreiterte und gelähmten Bildung und immer noch der Reformationskämpfe, die indes – weitab von den ersten aktiven Erschütterungen – ebenfalls zu beschaulichen Auseinandersetzungen wurden, weil sie gelehrter geworden waren. Das absolute Fürstentum kam in Deutschland – unbeschadet zahlloser Gewaltherren im Heiligen Römischen Reich auch während der früheren Jahrhunderte – erst im siebzehnten auch zur geistigen Geltung, derart daß die quellenmässigen Spezialgeschichten mehr und mehr Hofgeschichten wurden und die Stadt-, Stamm- und Volkschroniken verdrängten. Werke wie Aventinus' Bayerische, wie Kantzows Pommerische, Tschudis Schweizerische Chronik, wie Theobalds »Hussitenkrieg« oder Kösters »Dithmarscher Geschichte« mit ihrem – trotz allem Scholarentum – volkshaftem Eifer, konnten in dem zweckgefesselten, staatsraisonablen Zeitalter Richelieus und Ludwig XIV. nicht mehr reifen. Der Titel von

Chemnitzens Werk ist für diese Verhofung der Historie bezeichnend genug: der Dreissigjährige Krieg als ›Königlich Schwedischer‹. Nur in der Schweiz – der monarchischen Konzentration ferner, wenn auch nicht der akademischen Erstarrung – wurde die Chronikentradition Tschudis fortgeführt in Michael Stettlers (1580–1642) »Schweitzer-Chronica, das ist... Beschreibung der fürnehmsten Jahr geschichten, welche sich bey loblicher Eydtgenossenschafft seyt etlich hundert Jahren her verloffen«[40], in Hans Erhard Eschers mehr geographischer »Beschreibung des Zürich Sees«, worin doch auch die Rede ist »von diser anwohnenden Völkeren Heerzügen / Schlachten / Bündnussen / und anderen Denkwürdigen Begebenheiten«[41]. Solche Werke gehören nicht zum lebendigen Bestand deutscher Geschichtsschreibung und gehen nicht über die Teilnahme der Archivare hinaus.

In ähnlicher Weise setzte Johannes Micraelius aus Köslin Kantzows Werk fort[42], gleichfalls höfischer und akademischer als sein Vorgänger. Der Aufblick zu einem gnädigen Herrn, der einen verjagen konnte, gab keine so franke Historikerhaltung wie das Gefühl, eine Gemeinde oder wenigstens eine Partei im Rat hinter sich zu haben. Deren Auftrag oder Beifall entschädigte für Krittel von Andersmeinenden oder ermutigte – je nach der Sinnesart der Staatsschreiber – zu Ausfällen.

Gelehrsamkeit als blosser Ausweis der Fähigkeit oder stilistische Künste verselbzwecklichten sich und verdrängten den eigentlichen Forschersinn, den Heimatsinn und den Glaubensschwung des Wissensdrangs. Ein Muster der reinen Hofhistorie ist Sigmund von Birkens »Spiegel der Ehren des... Erzhauses Oesterreich«[43], zwei Folianten geschwollener Huldigungen über klapperdürren Meldungen, die er grossenteils Hans Jakob Fuggers Vorarbeiten entnommen hat. Birken ist einer der unleidlichsten Schwulst- und Klingelmanieristen des Pegnesischen Blumenordens, ohne eine Spur gesunden Menschenverstands, wenn man nicht kluges Schranzentum dazu rechnen will. Seine Wälzer sind wenig mehr als annalistisch gestützte Schmeicheleien für die mächtigsten Gönner, kurz, pure Liebedienerei eines affigen Literaten. Er hat auch noch eine »Geschichtschrift von dem Teutschen Friedensvergleich«[44] hinausgehen lassen. Mit Geschichte hat diese Anthologie lateinischer Reden, allegorischer Prunkschwatze und -verse und lüsterner Schallgedichte nichts zu tun. Ich erwähne sie nur als Beleg dafür, was Birken unter einem Geschichtsbericht zu bringen wagte. Der Westfälische Frieden, das traurige Ende einer Greuelzeit, wurde ihm zum willkommenen Anlaß, Festessen und Hoftänze ausführlich zu beschreiben. Den Dreissigjährigen Krieg entschuldigt er als gar nicht so schlimm, mit Hinweis auf viel ärgere Greuel unter den alten Juden und den alten Römern, und lenkt dann über zu erfreulicheren Dingen, eben zu Turnierprogrammen und Menus, mit dem verbindlichen Satz: »Ich mag E. Durchl. nicht beschweren mit langer Erzehlung von den alten Hunger- und Pestzeiten / auch denen Grausamkeiten und Länder Erschöpffungen / so hin und wider verübet worden; weil Dieselbe sich deren aus den Zeitbüchern / als darinn wolbelesen / zu erinnern haben.«[45] Dies bezeichnet den Tiefstand der Historiographie. Birken war zwar ein Extrem von Ungeschmack, doch durchaus ein Träger der Durchschnittsgesinnung, von der die Historie damals betreut werden musste, nämlich ein Notizensammler und Prachtschwätzer für hohe Herren. Genug davon.

Die Universalgeschichte wurde ausser in den üblichen Schulkompendien mit Jahreszahlen, Herrschernamen, Schlachten und Friedensschlüssen, in weitschweifigen Wälzern lahm berichtet. Ohne die religiöse oder weltoffene Entdeckerherzlichkeit eines Franck oder Münster, erst recht ohne die Sprachfrische, die Luthernähe dieser beiden, schrieb Johann Philipp Abelin, der sich Johann Ludwig Gottfried nannte, seine »Historische Chronik oder Beschreibung der fürnehmsten Geschichte vom Anfang der Welt bis auf das Jahr 1619«[46]. Eine gewisse Leichtigkeit der Rede machte das Buch geeignet zur raschen und flachen Vermittlung entlegener Weltgänge: nicht ganz Schulbuch und nicht ganz eigne wissenschaftliche Weltansicht, sondern brave Bürgerlehre für solche, die nicht wissen wollten, wie Gott in der Geschichte sich offenbart oder »wie es eigentlich gewesen ist«, sondern die nach dem Geschäft und Gewerb ihres Alltags sich ungefähr belehren wollten über die Merkwürdigkeiten des Vorgeschehens, die sich nicht bloß unterhalten, sondern auch erspriesslich unterrichten wollten. Das Buch war sehr beliebt und wurde oft gedruckt: bis in das 18. Jahrhundert hinein erfüllte es für das halbgebildete Durchschnittspublikum einen ähnlichen Zweck wie noch in meiner Knabenzeit Beckers oder Webers Weltgeschichte. Das sind Werke, die in fasslicher Form, etwas breit und schwunglos aber brav und klar, zusammenziehen oder zitieren, was die leidenschaftlichen Ergründer der Vergangenheit zutage gefördert und zusammengeschaut. In unserer Zeit wird dies durch die Organisation von Verlagsanstalten ersetzt, mit dem Schaden, daß die

Weltgeschichte – bearbeitet von zwanzig verschiedenen Spezialisten völlig verschiedener Methode, Perspektive und Messung – revueartig aufzieht und alles mögliche hat, nur keine Einheit. Die Vorläufer dieser Gattung sind die »Geschichte der europäischen Staaten« von Heeren und Ukert, die aus vielen immerhin ablösbaren Einzelhistorien besteht, und die grosse, aus dem Englischen seit 1744 verkürzt ins Deutsche übertragene Weltgeschichte, woran die tüchtigsten Fachhistoriker, unter anderen Schlözer, sich beteiligten. Für die Geschichte der reinen Geschichts*forschung* sind derartige Kollektivarbeiten wichtig, für die Literaturgeschichte, also die Geschichts*schreibung*, gleichgültig und nur erwähnenswert als Grenze des Kennens gegen das Wissen und Zeigen. Die grosse Geschichtsschreibung aller Zeiten schafft Sicht und Wort zusammen. Weiter ist die Kluft zwischen beiden, das heisst zwischen Belesenheit und Sagekunst, selbst in der mittelalterlichen Möncherei Deutschlands nicht gewesen als im Zeitalter der polyhistorischen Aufklärung.

Zwei Menschenalter nach Gottfried schrieb Hiob Ludolf aus Erfurt ein Kompendium der Weltgeschichte: »Schaubühne der Welt«[47]. Schon dem Titel nach gehört dieses Werk in die Reihe der unterhaltsam-gelehrten Stoppeleien der Barockzeit, denen es um achtbare Kenntnisse als Vehikel ergötzlichen Gesprächs zu tun war: die »Acerra philologica« von Peter Lauremberg[48], der »Grosse Schauplatz Lust- und lehrreicher Geschichte«[49], der »Geschicht-Spiegel«[50] und der »Historische Mercurius«[51] von Harsdörffer, die »Fürstlichen Tischreden« von Georgius Draudius[52] und zahllose andere. Das sind Übergänge zwischen Kompendium und Exzerpt, Leitfaden und Anekdotensammlung.

Der Zweck der Anekdoten blieb im 17. was er im 16. Jahrhundert gewesen war: der moralische Unterricht, nicht die eigentliche Geschichtserkenntnis oder -wahrnehmung. Doch waren die Anekdotensammlungen eines Christoph Lehmann etwa, trotz aller Nähe zu der Sprichwortliteratur, noch viel dichter gesättigt mit historischen Inhalten. Lehrzweck und Anschauungsstoff waren noch nicht so klapperdürr auseinandergetreten wie im Zeitalter des Opitz. Da saß das Geripp von Zweck grinsend und hohläugig auf seinem Triumphwagen und hielt die armen Geschichtsvorstellungen an seiner Leine wie auf den Todestriumphbildern der Humanistenzeit. Ich nenne statt vieler den verhältnismässig saftigsten dieser Apophtegmatiker, den Heidelberger

Julius Wilhelm Zincgref. Sein Buch »Teutscher Nation Klug-aussge-sprochene Weissheit / Das ist / Deren auß Teutschen Landen erwehlten und erbornen Päpst / Bischoff / Keyser / König / Chur und Fürsten / Grafen und Herrn / Edlen / Gelehrten und jedes Stands wolbenahmter Personen Lehrreiche Sprüch / geschwinde ausschläg / artige Hoffreden / denckwürdige Schertz / Fragen / antworten / gleichnussen / und was dem allem gleichförmig / von Griechen Apophtegmata genannt ist«[53] behält noch genug Zuschuß aus dem Jahrhundert Luthers, d. h. Her-zensfrische und Kraft, weil Zincgref seine Bildung vor dem Dreissig-jährigen Krieg empfangen hatte und auch nicht ein reiner Literat, son-dern – trotz seiner Studienreisen durch Frankreich, die Schweiz und die Niederlande – ein frischer Weltmann mit offenem Blick über Bücher hinaus geblieben war. Er starb 1635 nach mancherlei Kriegsunbilden an der Pest. Zur Historie im eigentlichen Sinn kann man indessen seine Sammlung nicht rechnen, da es ihm in diesem Buch durchaus auf die Moral und auf die witzige Beredtheit ankam, auf das argute loqui, und die Historie diente nur, um den Lehrsprüchen mehr Hand und Fuß, um nicht zu sagen Waden und Muskeln zu geben. Er erzählt die Anekdoten auch nicht, um die betreffenden historischen Personen, denen sie in den Mund gelegt werden, als solche zu kennzeichnen, den Glareanus oder den Pfullendorff, den Fischart oder die Königin Tomyris, den Caesar oder den Kurfürst Friedrich II. von der Pfalz; sondern berühmte Na-men aus Sagen, Historien und Gelehrtenklatsch – alles geht durchein-ander – sollten nur die allgültige Weisheit oder Klugheit der zufällig von jener Notabel überlieferten Äusserung erhärten. Zum Beispiel be-richtet er von Gregor Heimburg, dem Gegner des Nikolaus Cusanus: »Hatte ein böses kranckes Weib daheim. Als er nun wider auß deß Keysers Hoff nacher Hausz reisete / jhm nicht weit von Nürnberg ein guter bekanter auffgestossen / und die zeitung gebracht: Sein Weib were wolauff / antwortet er: Lebt mein Weib / so bin ich des Tods.«[54] Das hat nichts mit Historie zu tun, man nehme denn den Erzähleifer selbst als eine historische Funktion.

Ein grosser Teil seiner Aphorismen ist mit bewusster patriotischer Absicht, aber nicht mit rein historischer, den alten deutschen Kaiserge-schichten entnommen, um zu zeigen, was für wackere und gescheite, erinnerungs- und nachahmenswürdige Männer das gewesen. Karl der Grosse, Ludwig der Fromme, Otto der Grosse, Heinrich der Dritte, der Vierte, und zumal die gefeierten Staufen erscheinen als Nothelfer wackerer Volksvernunft und alter deutscher Mannheit mit Sprüchen, die im Stil wie im Geist mehr an Luthers Tischreden oder an Sebastian Francks Sprichwörter anschliessen als an die gelehrten Bemühungen seines Freundes Opitz. Man hat Zincgref den historischen Geruch, der ihn angenehm von den Schulmeistern des Spätbarock unterscheidet, als subjektiven historischen Sinn gutgeschrieben. Mehr als Belesenheit und Freude an der Belesenheit und als Redefrische in der Wiedergabe altväterischer Aussprüche kann man ihm jedoch als einem Historiker nicht nachrühmen. Fakten gibt er nicht, Charaktere und Zustände auch nicht, nur geschichtsberühmte Namen als Gestelle bürgerlicher Klugheits- und Tugendwinke. Daß er dabei aus vergrabenen Chroniken, Briefwechseln und dergleichen einem breiteren Publikum einige historische Sachen und Personen zurückrief, kann so wenig als ein eigentlich geschichtsschreiberischer Akt gelten wie die Erzählung der Anekdoten in unseren Magazinen.

Vergleicht man ihn allerdings mit den Sammelwerken ähnlichen Lehrzwecks des Erasmus Franzisci (1627–1694) aus der Zeit nach dem Krieg – dem »Höllischen Proteus«[55], dem »Hohen Traur-Saal oder Steigen und Fallen grosser Herren«[56], der »Acerra exoticorum oder dem Historischen Rauchfaß«[57], der »Lustigen Schau-Bühne«[58], – so wirkt er wie ein echter Erzieher und nicht wie ein Marktschreier vor einer Trödelbude. Die eigentliche Historie hat mit Zincgrefs Arbeiten wenigstens eine gemeinsame Wurzel, den vaterländischen Eifer, der sich in die Vorzeit treulich einlässt. Erasmus Franzisci oder Finx, wie sein eigentlicher Name ist, ist ein gelehrter Erwerbsmann, der für die Neugier müssiger Kunden beziehungslosen Wissenskram zusammenstoppelt, manchmal merkwürdigen, manchmal bloß gruseligen, besonders aus der Dämonologie. Der durch Luther aufgeregte Teufelsglaube, gleichsam ein Abfallprodukt der theologischen Höllenlehre, bemächtigte sich auch der historischen Überlieferungen aus zahllosen Büchern. Erasmus Franzisci putzte sie mit den modischen Redeblumen der Opitzei auf und verwandelte dadurch, was einmal Historie gewesen, in sensationelle Rhetorik. Als Materialsammlung ist er heute noch merkwürdig.

IX

Denkwürdigkeiten
Reiseberichte

Diejenigen Gattungen, die aus dieser Zeit in die grosse deutsche Geschichtsschreibung überleiten, sind Einzeldenkwürdigkeiten von weitgereisten, durch erstaunliche Fremdsichten oder Unglücksfälle wenn nicht beredt, so doch redewillig gewordenen Autoren und zusammenfassende Niederschriften deutscher Geschichte. Der persönliche Augenschein und der deutsche Überlieferungswille konnten zwar in einer gelähmten überfremdeten Nation nicht neue Bahnen brechen, aber wenigstens – Verstand, Fleiß und Redlichkeit vorausgesetzt – die gelehrten Zufahrtstrassen vor der völligen Verschüttung sichern.

Frisius hat als Augenzeuge die Eroberung von Magdeburg (1631) beschrieben.[59] Für die Kluft zwischen Leben und Sprache in diesem Zeitraum ist das Werk denkwürdig wie wenig andere. Dem Inhalt nach ist es ein Greuelbericht ohnegleichen, von einigen Militärnachrichten abgesehen, wodurch es zugleich zur kriegswissenschaftlichen Literatur gehört. Die Schrecknisse, die er meldet, hat Frisius, wie man ihm glauben darf, erschüttert durchgemacht. Dennoch liest sich sein Buch – trotz krasser Vokabeln und trotz seiner von dem Zier- und Lehrschwulst der Zeit leidlich abstechenden Vortragsfrische – wie behagliches Geplauder: der Gehalt ist nicht in der Form zu Wort gekommen, die ihm geziemt, weder als leidenschaftlich verhaltene Erinnerung wie des Thukydides »Athenische Pest«, noch als überlegenes Wissen wie Caesars oder Friedrichs Schlachtberichte. So wenig Frisius Kälte als Historikertugend beabsichtigt und erzwingt: er redet gleichsam nebenher, weil das Sprechen in einer anderen Schicht und Wärme durch die Schulmeisterei jener Jahre festgelegt ist als das Denken. Nur die Deutlichkeit der Eigenerinnerung, nicht der Schauder unterscheidet ihn von den blossen Abschreibern, die von den Vokabeln aus reden, nicht von den Gesichten. Wir sind auch dafür schon dankbar und fragen wenig nach der geistigen Höhe solcher Autoren, wenn wir nur des Papiers ledig sind. Die Beziehungslosigkeit zwischen Stoff und Rede ist am krassesten in den Greueltaten der Schwulstschlesier (Lohenstein,

Hallmann), die von scheusslichem Gemetzel und Gefolter mit dem Behagen von Feinschmeckern reden, nicht aus Bosheit, sondern aus Ahnungslosigkeit. Übrigens werden wir bei jedem Autor des 17. Jahrhunderts, der eigene Erfahrungen, besonders Leiden und Schrecken, wiedergibt, eine Annäherung, fast einen Rückfall zur Sprache der Lutherzeit merken, obwohl die umständliche Periodisierung den derben Landsknechtschritt hemmt. Begreiflich ist diese altertümliche Diktion bei Autoren des alemannischen Sprachgebiets, die sich länger in der vor-Opitzianischen Sprachweise hielten.

Ansätze zu einer besonderen Art der Geschichtsschreibung, die über blosse Kompilation aus Büchern hinausging, sind die Wallfahrtsberichte grösserer und kleinerer Herren, denen bei ihrer Wanderung durch fremde Länder Fährnisse zustiessen oder fremde Sitten und Sachen auffielen, so daß sie am eigen Leib und im Raum sehend nachdenken lernten über Wandel und Mannigfalt ihres Lebens, der Zeiten und der Völker. Dies wurde ein Erreger historischen Sinns und mit der Zeit historischen Worts, so dumpf und holzig zunächst ihre Sprache war, wenig über den Alltagsbedarf für Haus und Gemeinde hinaus gerüstet und nur der Zwiesprache mit dem furchtbaren und zutraulichen Gott gefüge. Zu diesen Büchern gehört Ludwig Tschudis »Reyß und Bilgerfahrt / zum Heyligen Grab... In welcher nit allein / die fürnembsten Stätt und öhrter / deß Heyligen Landts Palestinae / und der gantzen gegne daselbst herumben / sonder auch ausserhalb deren / vil andere denckwürdige Stätt / Inseln / Oehrter / und derer Inwohner / mancherley Sitten / Art und gebräuch / ec. Neben deme auch / was gedachte Herren / sampt seiner gesellschaft / auff diser Reyß / zu Wasser und Landt begegnet unnd widerfahren: Gantz trewlich und außführlich / sampt einem fleissigen Register / vermeldet und beschriben werden«.[60] Sein Nachfahr, Melchior Tschudi von Glarus, der Jüngere, ein katholischer Geistlicher, hat 1606 die Niederschrift herausgegeben, um für die Pilgerfahrten als ein Gott wohlgefälliges Werk gegen die inzwischen seitens der Reformierten erhobenen Angriffe zu werben: die Reisebeschreibung sei nicht nur »anmutig zu lesen«, sondern auch eine »Geystliche recreation«.[61]

Das Buch gehört nach Stil und Gesinnung noch der Lutherzeit an und ist ein seltsames Gemisch aus handfesten Wahrnehmungen und Schulsackbrocken, weniger ein Geschichtsbuch als ein frommer Baedeker. Ludwig Tschudi zog nicht hinaus aus Zeit- und Raum-Wanderlust, sondern um des Seelenheils willen, als ein Reisiger Gottes, mit der geblütlichen Unrast, die den kräftigen Schweizern noch heute eigen ist, die sie im Mittelalter zu Reisläufern oder Wallfahrern, heut vielfach zu Meistern des Gastgewerbes macht. Immer wieder: die Vereinigung von gedrungenem Gemeinsinn und persönlicher Eigenbrötelei – vielleicht eine Eigenschaft der Bergbauern – von Haltegriff und Fahrtendrang, von Selbst- und Fernsuche, hat kaum in einem Land der neueren Geschichte so viele natürliche Historikeranlagen gezeitigt wie gerade in der Schweiz, und wir merken die Elemente, die in Gilg Tschudi, Johannes von Müller und Jacob Burckhardt sich verherrlicht haben, gern auch schon in den schreiblustigen Pilgern. Die biblischen Wunder und die daran geknüpften Legenden, die Kirchlichen Anstalten und ihre Begründung haben Ludwig Tschudi am meisten beschäftigt – die heiligen Stätten. Dabei hat ihn seine christ-katholische Andacht nicht gestört in sachlich genauer, fast trockener Beschreibung. Das Zentrum seines Fahrtberichts, die Beschreibung des Heiligen Grabs, unterscheidet sich durch keine Erhebung oder Zerknirschung von seinen Notizen über heidnische Sehenswürdigkeiten alter und neuer Zeit:

»Es hat ein kleins geuierts vorcapeli / vor der Thür deß eingangs inn das Heylig Grab / so daran gebawen und der Latinischen ist: Auch ist hinden daran gebawen ein kleins geuierts Capelein ist der Abasiner / darauß geht aber kein thür inn das Heylig Grab / ist alles mit Bley oben bedeckt: Die thür der obern Capell ist gegen auffgang der Sonnen / richtig gegen dem Chor / wie auch der aussern Capell thür ist / und hat ein engen eingang / und ist nit über drey Werkschüch hoch / und nit völlig zwen Werkschuch breyt / also das man hinein schlieffen muß: Dise Thür ist zwen schuch hoch ob der ebne / und so man hinein kompt / ist das Heylig Grab an der rechten handt an der wand deß Felsens gegen mitnacht werts / und ist acht Werkschuch lang unnd hol / und ist ein gantzer aussgehölter Felß und Berg von Natur auff der Erden herauff gehende / unnd ist diser Schrofen aussert umb sich rund / und zweyer Mannslänge hoch / unnd innwendig anderhalb Mannslänge hoch aussgehölt.

Die länge deß Grabs / zeucht sich von auffgang gegen nidergang der Sonnen: Die höle hat inwendig so man hinein kompt / als lang das Grab ist / ein graden gang / und ist der gang so tieff / als das Heylig Grab / ein wand von einem Felsen entzwischen / so das Grab und den gang underscheydet / dasselbig scheidwändlein ist vier spang hoch von dem boden

auff / das Grab ist innwendig / ist nit gar zwen werkschuch breyt hol /
mit sampt dem schiedwändlein und dem gang / das Grab und alles uber-
al zusamen gerechnet / sechs schuh breyt hol / unnd ist ein lediger
Altarstein zu einem Altar / gerad ob der höle deß Heyligen Grabs gesetzt der ist klein / und in dem gang neben dem Heyligen Grab / mag nit
mehr dann der Priester so Meß hat / unnd noch drey Personen stehn /
also eng ist es / und wann man heraussen steht / so vermeint man / es sey
innwendig alles allein ein Grab / so man aber hinein kompt / so sicht
man / das es theil ein gang ist / und das Grab neben dem Gang ein
sonderbar ding ist / mit einem schiedwändlein underscheyden«.[62]

Die »Bilgerfahrt und Beschreibung der Hierusolomitanischen Reiß
in das heylig Land...« von Villinger gehört nach Stil, Ton, Blickrichtung hierher, in die Nachfolge Thomas Platters, also in die Zeit Luthers
und Francks. Petrus Villinger war ein Pfarrer, der während der Türken-
kriege auf einer Pilgerfahrt durch einen Schiffbruch in die Sklaverei
geriet und seine Wege und Leiden lebhaft mit einem besonderen Sinn
für Religionsbräuche beschrieb. Peter Schmid, »Schul- und Rechen-
meister der Statt Zug«, gab die Schrift etwa ein Menschenalter später
heraus.[63] Die Frommheit des Lutherischen und die Wachheit des humanistischen Zeitgeistes hielt den Pfarrer aufrecht in seinen Plagen, und
sein Pilgerbüchlein hat gewonnen durch die notgedrungene Aufmerksamkeit. Die Wissbegier durchdringt sich mit Schmerz und Groll und
Zuversicht zu einer eignen gelassen lebhaften Redeweise. Seine Schul-
herrenpflicht und seine sehr unschulmeisterlichen Leiden haben ihn zu
einem echten Berichterstatter gemacht, gleich fern den blossen Namen-
und Zahlenpaukern wie den blossen Kriegsabenteurern. Die Beschreibung von Konstantinopel z. B. macht ihm sichtliche Freude. Doch er
vergisst über den glänzenden und dreckigen Bauten, den ungewohnten
Bräuchen, die ihm als einem Landfahrer auffielen, nicht die Geschichts-
daten über das alte Byzanz, den Kaiser Konstantin, die Kreuzfahrer
und die Eroberung – Dinge, die er wohl später in Büchern nachgelesen
und neben seinen Fron-erinnerungen für aufzeichnungswert gehalten
hat. Ich erwähne diese Schrift nicht wegen ihrer besonderen Genialität,
sondern nur als ein Zeugnis des Ringens zwischen Lebensbericht und
Buchnotizen, das die Memoirenliteratur in dem Jahrhundert zwischen
Luther und Opitz kennzeichnet, zunächst mit erfreulichem Überge-
wicht der Augen über die Brillen, des Sehens über das Lesen. Dann –
besonders nach dem Grossen Krieg – wächst auch bei den reicheren

Geistern mehr und mehr das Verlangen, selbst ihr Gelebtes als Gelerntes oder wie Gelerntes darzustellen.

Auf dem geistigen Niveau Villingers steht Michael Heberer, ein wanderlustiger Brettener, der drei Jahre lang im Osten gefangen war und nachher in vier Büchern seine Reise von Heidelberg nach Frankreich, seine Gefangennahme durch Türken bei Corsica während der Kriege zwischen Spanien und Frankreich und seine Leiden in Alexandria und Konstantinopel als Sklave schildert. Die Gottergebenheit eines frommen Mannes, der das ganze Leben als eine beschwerliche Wanderschaft hinnimmt, und die Neugier eines Pfälzers, der gern fremde Länder und Leute mustert, bestimmen den Ton seiner vier Bücher und bilden den einzigen Zusammenhang eines Haufens von Reiseführer-notizen und privaten Abenteuern. Heberer war nicht ganz ungelehrt, besonders sprachenkundig, er machte seine Reise, nachdem er drei Jahre Präzeptor eines vornehmen Schweden in Heidelberg gewesen, im Gefolge eines Junkers von Hövel, hauptsächlich, um das Französische zu lernen. Auch unterwegs zeigt er seinen Hang zu sprachlichen Anmerkungen, doch hat die Philologie ihn geneigter gemacht zu lesen als zu sehen und die Mehrsprachigkeit seine deutsche Rede eher verderbt als gefördert. Sein Buch trägt den Titel: »Aegyptiaca Servitus: Daß ist / Warhafte Beschreibung einer Dreyjährigen Dienstbarkeit / So zu Alexandrien in Egypten ihren Anfang / und zu Constantinopel ihr Endschafft genommen. Gott zu Ehren / und dem Nechsten zur Nachrichtung / in Drey unterschiedene Bücher aussgetheilet und mit etlichen Kupfferstücken in Druck verfertiget. Durch Michael Heberer von Bretten / Churfürstlicher Pfaltz Cantzley Registratorn / der solche in der Person aussgestanden. Mit zwo angehenckten Reisen / die er nach seiner Dienstbarkeit / in Vier Königreich / Böhem / Polen / Schweden / Dennemarckt / Auch nechstligende Fürstenthumb und Seestädt vollbracht«.[64] Er freut sich seiner humanistischen Belesenheit als ein Landsmann und Grossneffe Melanchthons. Er übersetzt in Knittelversen des gepriesenen Ulrich von Hutten Disticha auf Bretten und auf Melanchthon, desgleichen die Grabschrift Melanchthons, »der allen Kirchen und Schulen in gantz Teutschland mit seiner geschicklikeit als mit einem liecht vorgeleucht hat«.[65] Ein eigentlicher Geschichtsschreiber ist der gute Heberer nicht, und er wäre wohl ohne seine Sklaverei höchstens zu einem der lateinisch dröhnenden oder Hans Sachsisch klappernden Schmeichelpoeten geworden. Der einheitliche Wille, eignes Geschick als Geschichte innerhalb merkenswerter Räume, Sitten und Begebenheiten festzuhalten – wie er etwa in den weit umfänglicheren Gesandtschaftsberichten des Olearius sich bewährt – Umblick, Übersicht oder gar geistige Durchdringung von Erfahrenem lässt er durchaus vermissen. Dafür gibt er eine Menge zufälliger Einzelheiten, untermengt mit den Erinnerungen aus seiner Schullektüre und gelegentlichen frommen Betrachtungen. Die Religion kümmert ihn von ausserprivaten Dingen noch am meisten, zum Schaden seines Quellenwerts. Um eine genauere Beschreibung, z. B. von Konstantinopel, drückt er sich, weil darüber schon genug geschrieben sei. Nur die festlichen Empfänge fremder Gesandten beim Grosstürken bringt er, mit besonderer Berücksichtigung der Menus, oder eine lange Aufzählung der ausgestellten Bazarwaren und – etwas anschaulicher, über Vokabeln hinaus, weil durch Mitgefühl und Entrüstung geregt – eine Schilderung des Sklavenmarkts. Dann wendet er sich ausführlich zu dem Glauben der Türken, ihren Lehren und Bräuchen. Dazu die mitleidige Anmerkung: »Der Eckstein ihres verderbens ist / daß sie von dem Sohn Gottes und dem heiligen Geist nichts wissen. Weil sie nun den Sohn nicht kennen / so kennen sie auch den Vatter nicht / wie Christus selber lehret in dem Evangelisten Johannis am Achten Capitel. Dann der Vatter und der Sohn seind Eins. Johannis am Zehenden Capitel«.[66] Genug davon. Das ganze Buch hat etwas Subalternes, trotz der gelehrten Flikken, und sei nur erwähnt als ein Beleg für die durchschnittliche Sehweise eines unfreiwilligen Abenteurers. Im übrigen gehört es noch in den Nachtrab des 16. Jahrhunderts: ohne die Frische der Lutherzeit, ohne die Ordnung der Opitzzeit. Sein Werk ist aber noch 1747 wiedergedruckt worden als eine Robinsonade, unter dem Titel »Chur-Pfältzischer Robinson«.[67] Darin wird auch sein grässliches Ende bei der Verwüstung von Heidelberg 1622 berichtet: er ist von den Kroaten Tillys zu Tode gefoltert worden.

Nicht durch einen geistlichen Zweck gebunden, sondern aus weltlicher Wandersucht und wissenschaftlicher Sehbegierde, stammt Leonhart Rauwolfs »Aigentliche beschreibung der Raiß / so er vor diser zeit gegen Auffgang inn die Morgenländer / fürnemlich Syriam, Iudaeam, Arabiam, Mesopotamiam, Babyloniam, Assyriam, Armeniam ec. nicht ohne geringe mühe unnd grosse gefahr selbs volbracht: neben vermeldung vil anderer seltzamer und denckwürdiger sachen / die alle er auff solcher erkundiget / gesehen und obseruiert hat«.[68] Rauwolf gehörte zu den humanistisch gebildeten und beflissenen Ärzten der Paracelsus-Zeit, freilich nicht so sehr wie der grosse Naturdurchfahrer getrieben vom faustischen Willen in die weltverbreiteten Geheimnisse, sondern eher von der flacheren Regsamkeit eines Mannes, der ausser kuriosen Büchern auch Land und Leute sehen will. Sein Studium, die Medizin – halb Gewerb, halb Wissenschaft – wies ihn in die Weite, einmal weil die berühmtesten Universitäten damals im Ausland florierten, Montpellier vor allem, und dann weil er – auch das ein Paracelsischer Zug – die fremden Kräuter in fremden Ländern selbst finden wollte. Die Philosophen, deren Leben er aus Plutarch und Diogenes Laërtius entnahm, Galens Bekenntnis, befahlen und empfahlen ihm die Erweiterung seines medizinischen Gesichtskreises. Er legt ein Itinerarium an, das er, angeblich auf Drängen vieler Gönner, nach seiner Rückkehr veröffentlichte: um seine persönlichen Beobachtungen allgemeiner nutzbar zu machen, und – das ist immer wieder der philosophische Grund oder Vorwand solcher Bücher – um die Weite der Welt und ihre Herrlichkeiten und Vergängnisse und die Mannigfalt der Sitten zu erinnern. Der medizinische Fachmann, der humanistische Weltfahrer und der christliche Nachbetrachter der Vorsehung verbinden sich in Rauwolf:

»Dann so einer in disem meinem Hodoeporico lesen wirt / wie die herrliche veste Statt Hierusalem an gebäw zerfallen / Babylon gar inn der äschen ligt / andere fürnemme ort öd und unbewohnt seind / unnd das gelobte Landt zur unfruchtbarkeit gerathen / der hat sich alssbald darauß zu erinnern / wie der zorn Gottes ein so hefftig verzörendt fewr sey / das er nit allein seines zum Erbthail ausserwölten Volcks der Juden / sonder auch des fruchtbaresten / mit Milch unnd Honig fliessenden Lands / das doch also zusagen nit gesündiget / nit verschonet / sonder von der jnnwohner missethat wegen zum missgewächs vermaledeyet / die herrliche Stätt unnd Vöstungen zu ödgarten unnd wildtnussen gemachet / das dann einen Christen / sonderlich zur büß unnd bekerung bessers lebens anraytzen unnd erinneren solte: Ist das an dem grünen holtz / dem ausserwölten Volck Gottes geschehen / was wirdt es heüt morgen / wann der zorn Gottes anbricht / mit dem dürren / den unbeschnitten / verdorbnen holtz / ein endt gewinnen. Also welcher auß disem Büchlein / der Morgenländer Leben / Sitten / Gebreuch / Gesätz / Ordnungen / wellicherley practiken / tück unnd list / jnner unnd aussers Kriegens sie sich gebrauchen / erinnert unnd underrichtet wirdt / der waisst sich inn fürfallenden nötten / in dieselbigen zuschicken / unnd desto behutsamer zu handlen«.[69]

Entferntere Gegenden, die noch nicht so viel gerühmt und beschrieben waren, vermittelt Johann Jakob Merklein mit dem Bericht über seine Reise nach Java, Vorder- und Hinterindien, China und Japan in den Jahren 1644–1653. Veröffentlicht wurde sie zuerst in einer Sammlung des Nürnberger Professors Christoph Arnold.[70] Merklein stammte aus Windsheim, folgte der Ostindischen Kompanie als »Chirurg und Barbier« und beschrieb seine Erfahrungen als Gedächtnisstütze für sich selbst, ohne Absicht des Drucks. Der Titel lautet »Journal / der Beschreibung alles dessjenigen / was sich auf während unserer neunjährigen Reise / im Dienst der Vereinigten / geoctroyrten / Niederländischen / Ost-Indianischen Compagnie, besonders in denselbigen Ländern täglich begeben / und zugetragen: Dabey Die Situation und Gelegenheit der Länder / und Sitten unterschiedlicher Völcker / zu besserer Nachricht / in etwas berühret worden / Durch Johann Jacob Mercklein / vorbemeldter Compagn. dazumal Chirurgum / und Barbirern. Samt Johann Sigmund Wurfbains kurtzem Bericht / Wie eine Reise / so zu Wasser / als zu Land / nach Indien anzustellen sey«.[71]

Merklein ist durch die Nettigkeit und Handgreiflichkeit seines Wahrnehmens, das er vielleicht im Dienst seiner Auftraggeber, der Holländer, sich angewöhnt, und das sich nach Zeit und Raum den Stilllebenmalern anpasst, auch als Aufzeichner von Erfahrungen erwähnenswert. Er hat viele fremde, auffallende, abenteuerliche Sachen gesehen und erzählt sie mit seiner trockenen, aber eben sachhaltigen, feststellenden Sprache, gelegentlichen stillen Heiterkeiten, ohne Eifer und Gefühlsausladungen – so wie Ostade oder Teniers Kneipenszenen und dergleichen fixieren – ernsthaft behaglich. Sein Beruf mag diese medizinische Sachlichkeit gegenüber Schrecknissen, Ekel oder Schmutz gefördert haben. Was seinem Buch völlig abgeht, ist der Fernschauer. Olearius hat etwas davon – trotz seiner Gelehrtenwürde und Merkerzucht – seinen Berichten mitgegeben (ich komme noch darauf), und unter den Niederländern seiner Zeit hat einer wenigstens die Ostdinge wieder genau beguckt und rätselhaft verzückt: Rembrandt. Ich erwähne ihn nur, um immer wieder zu erinnern an die Gleichgültigkeit der Dinge für sich. Wenn man von den Pilgern zu Merklein kommt, weidet man sich an seiner buchfreien Zeigekunst, Schilderung der Hottentotten zum Beispiel. Man weiß durch ihn, wie die Leute aussehen, wohnen, manchmal sogar warum: »am Gestatt deß Meers findet man weinig Bäume / wegen derer schröcklichen Sturmwinde / die zu Zeiten daselbst wehen... Die Innwohner deß Lands sind wilde Menschen / nicht groß von Person / mager / beschmirt und unflätig / klukken mit ihrer Sprache bey nahe / wie die Indianischen Hüner; leben von dem Vieh / dessen sie eine grosse Menge haben. Sie wohnen in Hütten / von Rohr und kleinen Reisig geflochten / welche sie / wo sie gute Weide finden / aufschlagen / und wohnen beyeinander / wie in einem Dorff / oder Flecken: Wann sie aber die Weid selbiges Orts aufgefretzet / heben sie ihre Hütlein auf / und bringen sie etliche Meilen hinweg / da sie wieder Weid finden.

Ihre Kleidung bestehet in einem Mäntelein / von unbereiteten Fellen / und einem Stücklein von einem Schafsbeltz vor ihrer Scham. Im übrigen gehen sie nackicht / wiewol es bisweilen zimlich kalt ist; sonderlich im Junio / Julio / und Augusto: Dann weil das Land so weit Sudwerts vom Aequatore ligt / als haben sie ihren Winter / wann wir den Sommer; und den Sommer / wann wir den Winter haben.

Im Essen sind sie sehr säuisch / dann wiewol sie viel Vieh haben / so begehren sie doch / wann die Holländer ein Rind schlachten / desselben Därmer / von deme sie nur den Koht zwischen den Fingern durchziehen und heraus streiffen / hernach auf das Feuer legen; und wann noch nicht halb gebraten / alsdann beissen sie mit solchem appetit davon / daß einem grauen möchte / der es ansihet. Das Fette von denselbigen Därmern / schmieren sie auf ihren blossen Leib / welches sie für eine Zier halten; davon sie so abscheulich stincken / daß nicht wol mit ihnen umzugehen ist.

Wann sie frölich sind / so springen sie auf und nieder / singen stätig das Wort Hottentot, und mehr nicht; welches sie lang antreiben: dahero sie von den Holländern insgemein Hottentot genandt werden«.[72]

Gelesen hat er auch allerlei, vor allem Beschreibungen seines Reisegebiets, wie die von Linschoten. Doch er verlässt sich wesentlich auf seine eignen fünf Sinne und seinen gesunden Menschenverstand, ohne jeden Gelehrtenprunk und – noch erfreulicher – ohne Gezeter und Gewimmer. Seine Anmerkungen über unangenehme Sitten fremder Völker kommen nicht, wie etwa die Heberers, aus dem Gemüt, sondern aus der Nase oder dem Magen. Man soll das nicht überwerten, aber es ist eine bescheidene Vorform desjenigen historischen Sinns, der dem Neuen, Fernen, Anderen sein Dasein zugesteht, auch wenn es einem dabei gruselt. Deswegen habe ich den Bericht des tüchtigen Manns behandelt: als einen Kontrast gegen die von Moralen und Theologien getrübten Historien des anspruchsvolleren Barock.

Viel verschnörkelter und, weil für eine feine Leserwelt berechnet, auch sprachlich aufgeputzter, ist der »Orjentalisch-Indianische Kunst- und Lust-Gärtner« von George Meister. Der volle Titel lautet: »Der Orjentalisch-Indianische Kunst- und Lust-Gärtner / Das ist: Eine aufrichtige Beschreibung Derer meisten Indianischen / als auf Java Major, Malacca und Jappon, wachsenden Gewürtz- Frucht- und Blumen-Bäume wie auch anderer raren Blumen / Kräuter und Stauden-Gewächse / sampt ihren Saamen / nebst umbständigen Bericht deroselben Indianischen Nahmen / so wol ihrer in der Medicin als Oeconomie und gemeinem Leben mit sich führendem Gebrauch und Nutzen; Wie auch Noch andere denckwürdige Anmerckungen / was bey des Autoris zweymahliger Reise nach Jappan, von Java Major, oder Batavia, längst derer Cüsten Sina, Siam, und rückwerts über Malacca, daselbsten gesehen und fleissig observiret worden; Auch vermittelst unterschiedlicher schöner ins Kupffer gebrachter Indianischer Figuren / von Bäumen / Gewächsen / Kräutern / Blumen und Nationen entworffen und fürgestellet durch George Meistern / Dieser Zeit Churfl. Sächs. bestallten Indianischen Kunst- und Lust-Gärtner«.[73]

Meister hat wahrscheinlich auch schon als Gärtner Hand und Auge gehabt, und sein Buch ist für Fachleute abgefasst, mit dem Zweck, viel Kenntnisse aus der Fremde ihnen beizubringen. Es ist ein Nachschlagewerk für wirkliche Gärtner, reich an Gebrauchsanweisungen auch für Medizinzwecke. Seine reinen Pflanzenbeschreibungen sind musterhaft, dagegen sobald er Völkersitten meldet, schlägt er die Hände über dem Kopf zusammen oder macht neckische Gesellschaftsglossen. Auch Meister hat sich sehr ausführlich mit den Hottentotten abgegeben:

»Wahrhaffte Relation der allerbestialischen Menschen, wo nicht der ganzen Welt, doch gewiß bey den Capo de bon Esperance, des eusersten Theils Affricae, die Hottentotten genannt, und zwar von dero selben Bestialischen Leben, Wandel und Tode, etc.«[74]

Das Wort ›bestialisch‹ kommt bei seiner Schilderung hottentottischer Stoffwechseldinge, Tracht, Sprache immer wieder vor, begleitet von Entrüstung oder – komischer noch – von der Grazie eines Bären. Besonders der Abschnitt »Von der Hottentotten Sprache / und andern merckwürdigen Dingen«[75] wimmelt von endlosen Ziersätzen über die

Naturalia der hottentottischen Jungfrauen, oder wie er sie nennt, dieser »saubern Berg-Nymphen«. Er entschuldigt sich, wie er dergleichen habe entdecken können, und berichtet dann, halb lüstern, halb missbilligend, wie schamlos, schlimmer als die Tiere, z. B. die Elefanten, jene Eingeborenen seien:

»Weiln sie auch treffliche Liebhaberinnen des Edlen Krautes Nicotianae oder Tabacks sind / als darff dieses anmuthige Frauenzimmer einem curiosen unzüchtigen Liebhaber vor eine Pfeiffe Taback wohl alles zeigen / was er von Ihme verlanget«.

Neben diesen satirischen Glossen kommen dann die empfindsamen, wenn er »Derer Hottentotten einfältigen Schaaf- und Vieh-Handel mit denen Holländern«[76] erzählt, wie sie das Vieh gegen ein Stück Tabak vertauschen. »Damit gehen sie so freudig nach ihren Wohnungen hinab / und zwar mit einem solchen Jubel-Geschrey / als ob sie die allerreichste Beute von etlichen Tonnen Goldes bekommen hätten. Dieses ist also der Profit und treffliche Handel dieser armen Menschen vor so vielerley grosse Gefahr / derer Sie unterworffen / ehe Sie diese geraubte Thiere / oder eine Bestie die andere / durch die grosse Wildnüß gebracht haben«.

All diese Stilgewohnheiten Meisters sind durch den Blick auf ein vornehmes Publikum, darunter einen »Durchlauchtigsten Chur-Fürst«, Johann Georg IV. von Sachsen, gezüchtet worden, durch den Schriftsteller-ehrgeiz, von dem Merklein frei war. Um Kleines mit Grossem zu vergleichen: Merklein wollte keine Geschichtsschreibung geben, sondern Materialien sammeln für eine etwaige Geschichte, wie Caesar in seinen Kommentarien, und wie dieser brachte er sein Gesehenes und Geschehenes unmittelbarer und richtiger heraus als die Rhetoren mit Lehr- und Zierzwecken. Meister, der kaum weniger treu und fleissig gesehen und gemerkt, hatte zu viel und zwar Schöngeistiges gelesen, um es unmittelbar zu fassen. In seiner Vorrede beruft er sich auf biblische und klassische Autoren, die mit Gärten zu tun gehabt, beginnend mit dem Paradies als dem Urmuster der Gartenkunst: »Denn wo logierte die Göttliche Vorsorge das allerschönste Meisterstück aller Seiner Geschöpfe die ersten Menschen lieber hin / als in das Paradiß oder den Garten Eden?«[77] Dann folgen Bibelstellen, dann Pliniusstellen usw. usw. Sein Bericht beginnt mit einer schwülstigen Predigt »Von Unterschied derer Menschlichen Begierden«.[78] Es ist ihm nicht um die Sache zu tun, sondern seine Sachen hängen als Gleichnisse an einer moralisch dekorativen Rednerei, wie Schweinszähne an einer glitzernden Kette. Ihr Sinn leuchtet nicht aus der Darstellung ein, wird nicht einmal aus der Darstellung durch Reflexion aufgehellt, sondern das stumpfe Faktum wird gewaltsam bezogen auf Gemeinplätze, die Schulbüchern entnommen sind, nicht der Erfahrung selbst. Das Nach-denken oder vielmehr Vor-denken wird fertig mitgebracht, und die Erscheinungen, Beobachtungen bleiben geistig unbewältigt, neben den Zwecken gehäuft.

X

Kulturgeographie:
Olearius und seine Schule

Die Schrift Meisters ist ein Beleg für die Verbücherung und Verstok-
kung selbst weitgereister, durch keine Unterrichtspflichten gebunde-
ner Bürgersleute: sie haben allerlei Kuriositäten gesehen und Fährnisse
bestanden, aber sie bringen es so schwerfällig, geziert und geschwollen
vor, daß man Mühe hat, ihre Wirklichkeit zu fassen. Sobald sie die Feder in die Hand nahmen oder an einen Drucker dachten, an hohe oder
gelehrte Herren und feine Damen als Leser, meinten sie sich gezwungen zu dem vornehm gemessenen Lehr- und Zierschwulst der Perük-
ken- und Reifrockträger. Der Mangel an Bildung brachte sie um das
Verständnis würdiger Vorbilder, und der Schnabel, nach dessen Wuchs
sie redeten, war schon gründlich verbogen. Zudem kümmerten sie als
beschränkte Leute sich fast nur um Merkwürdigkeiten oder abnorme
Abenteuer, ohne Augen für die Träger der Dauerzustände oder den
eigentlich geschichtlichen Gehalt ihrer Fahrtwege und -räume. So sind
sie allenfalls manchmal rohstoffliche »Quellen«, doch durch ihren Dar-
stellungsehrgeiz untauglicher als die simpleren Boten des 16. Jahrhunderts. Das Schreiben*wollen* ist ihnen ein Hemmnis des Schreiben*kön-
nens*. Auch wenn sie nicht schrecklich viel gelesen haben, wollen sie
doch denen nicht nachstehen, die deswegen gelobt werden. So ergibt
sich das Paradox, daß unter den Erinnerungsbüchern die verhältnismässig schlichtesten herrühren von Personen hohen Rangs oder unge-
meiner Bildung, nicht von Personen des Mittelstandes, dem wir doch
am ehesten wackere Geradheit und Schlichtheit zutrauen. Innerhalb
einer sehr künstlichen Zivilisation begegnen wir einem ähnlichen Vorgang wie bei der Entstehung des »Volkstons«. Dem romantischen Vorurteil nach gedeiht das Volkslied am reinsten bei den Angehörigen der
natürlichsten Berufe. In Wirklichkeit sind die Verfasser von Volkslie-
dern Ausgestossene oder höchst Gebildete: der aussätzige Mönch vom
Rhein oder Goethe, keineswegs die gesicherten Inhaber von normalen
Stellen.

So steht auch unter den heute noch lesbaren oder wenigstens lesenswerten Memoiren der deutschen Barockzeit an erster Stelle die »Moscowitische und Persianische Reisebeschreibung« von Adam Olearius, einem der gelehrtesten und gescheitesten Polyhistoren seines an Polyhistoren reichen Jahrhunderts. Auch als Lehrdichter gehört er zu den besten der Opitzzeit. Ein zweites Werk etwa derselben Bildungsebene ist Johann Albrecht von Mandelslos »Morgenländische Reisebeschreibung«. Er hatte Olearius bis nach Persien begleitet und war dann noch allein weiter nach Indien gereist.

Olearius (oder Oelschläger) beschäftigt uns nicht eigentlich als Historiker, sondern als ein Mann von den Eigenschaften, die nötig waren, um im 17. Jahrhundert eine Geschichtsschreibung zu ermöglichen und zu verheissen: scharfe Augen, die durch die blossen Begriffsschablonen hindurch räumliche und zeitliche Merkmale als solche wahrnahmen, uneitle Sorgfalt des Sehens und Lesens und sprachliche Helle und Gewandtheit. Mit diesen Gaben hat er sich einem Gegenstand gewidmet, der ihn zum echten Historiker nicht ermächtigen konnte: einem Gemisch aus Reisebericht und Völkerkunde. Die sechs Bücher seiner »Moscowitischen und Persianischen Reisebeschreibung«[79] sind zunächst für die eigentliche Geographie und Kulturhistorie unschätzbar als eine sachenkundige, wenn nicht die sachenkundigste Darstellung orientalischer Zustände aus europäischem Gesichtspunkt vor dem Beginn der wissenschaftlichen Erdkunde, vor Alexander von Humboldt und Karl Ritter. Was man bis dahin, also bis in die Mitte des 17. Jahrhunderts, von dort gehört, waren mehr oder minder politische Notizen aus alten Schriftstellern, gemischt mit Warenkunde oder reiner Abenteuer-phantastik. Kreuzzügler- oder Konquistadoren-Gesinnung trübte den reinen Forscherblick, und was dabei für unsre Sachkenntnis abfiel, dürftig und fragwürdig, kam nicht aus dem Vorsatz, etwas zu lernen oder zu lehren, sondern als günstiger Überschuß vitaler Neugier. Noch der Mann, von dem das gebildete Publikum wegen des glatten Stils seine Konversationskenntnisse über das neue Indien bezog, Jean Baptiste Tavernier – übrigens ein Menschenalter später als Olearius – spricht, nach Voltaires Wort, mehr für Kaufleute als für Denker und gibt höchstens Winke über Reisewege und Diamantenmärkte. Olearius, obwohl in merkantil-diplomatischer Mission ausgesandt, reiste von vornherein mit dem oft bespöttelten sachlichen deutschen Gewissen, alles, aber auch alles zu lernen, was auf dieser Reise zu lernen sei. Ausser den Reisetatsachen trägt er zusammen, was er aus früheren

Berichten seit dem Altertum über Länder und Völker ermitteln konnte. Dabei hat er durch seine Sprachkunde einen Einblick in die Landesgesittung und -gesinnung wie damals kein zweiter Europäer gewonnen. Völlig selbständig und neu, in seiner Zeit geradezu einzig ist er durch sein Bestreben, hinter die Gründe der abweichenden Sitten zu kommen, den gegenwärtigen Zustand zu vergleichen mit dem von früher überlieferten und den Wandel nicht nur festzustellen, sondern zu erklären, zum Beispiel die Verschleierung der Frauen oder die Knabenliebe. Die Genauigkeit seiner Beobachtung, besonders von Kleidung und Gesten, doch auch von Verfassung, Verkehr und dergleichen, hat selbst bei den gefeierten Beschreibern des Altertums, Herodot, Caesar, Strabo, Tacitus und bei dem mittelalterlichen Erforscher Asiens Marco Polo nicht ihresgleichen, eben weil alle die Genannten ausser ihrer Seh-lust doch bestimmte politische oder wirtschaftliche Seh-wege hatten, sogar Herodot. Olearius ist reiner Kontemplator, dadurch freilich auch des mitreissenden Drangs verlustig, der die vor- oder rückblickenden Woller und Mahner beschwingt. Ich gebe nur eine Probe über die persische Kleidung aus dem fünften Buch seiner Reisebeschreibung, um zu verdeutlichen, wie haarklein, doch nicht nur schildernd, sondern auch deutend er Beobachtetes aufschreibt. (Es ist nur ein Zehntel der Gesamtbeschreibung):

»Ihre Hosen von Cattun, gehen untern Kniehe spitzig zu / reichen biß auff die Knöchel / werden auff blosser Haut getragen / und mit einem Schnur in Falten geschoben / über welches jhre Hembder / die gemeiniglich rothstreifficht / hangen. Ihre Strümpffe sind von Tuch unförmlich geschnitten / gehen gleich aus / und schloddern umb die Beine / jhrer viel tragen sie von grünem Tuche / welches den Türcken ein Grewel anzusehen / und auch ein stücklein ist der Zweytracht in jhrer Religion. Dann sie sagen das Mahumed seine Mütze von grünen Tuch getragen / welche Farbe die Perser verunehren / und an den Füssen tragen. Ihre Schuhe / Kefs, gehen forn spitz zu / haben niedrige Hacken / daß sie dieselbige / gleich wie unsere Pantoffel / strack drein und wieder heraustreten können«.[80]

Dem Lehrzweck seiner Zeit gemäß, bringt Olearius auch seine moralischen Nutzanwendungen vor. Doch spürt man überall, daß er nicht wegen der Moral geschrieben, sondern wegen des Schauens, und erst recht nicht, um zu zeigen, was für ein gelehrter und schönrediger Herr er sei.

Da er überreich an Kenntnissen und Merknissen ist, muß er nicht gedunsen und wolkig, blumig und klappernd schreiben, sondern wie jedermann, der wirklich etwas zu sagen hat, weil er redlich gesehen und gedacht hat: fest, hell, klar, anschaulich, verlässig, und dem jeweiligen Gegenstand getreu, trotz seines für unser heutiges Tempo etwas zu langsamen und breitfüssigen Wandelns. Überall kann man vertrauen, bei den Sachen zu sein, wovon er handelt. Wenn Sachlichkeit ein Grunderfordernis des Geschichtsschreibers sein muß, dann gebührt Olearius in seinem Jahrhundert unter den Deutschen der Preis. Zu den besten Prosaikern unserer Barockliteratur gehört er ohne weiteres, ja ich wüsste neben ihm überhaupt nur Grimmelshausen zu nennen. Aber Grimmelshausen hat vor ihm den unvergleichlich weiteren und wichtigeren Stoff voraus, das deutsche Leben im Europa des Grossen Kriegs, sein Verderb und sein Heil: er war ein Seher und nicht nur ein Beobachter.

Olearius bewährte sich, wie einige Schulhäupter des 19. Jahrhunderts, auch als wissenschaftlicher Organisator. In mehreren Ausgaben liess er seiner eigenen Reisebeschreibung verschiedene geographische Erweiterungen durch andere folgen, die er als Rohstoff empfand und übernahm und aus seinem umfassenden Wissen ergänzte und überarbeitete. Eine dieser Arbeiten ist Johann Albrecht von Mandelslos »Morgenländische Reisebeschreibung«.[81] Mandelslo war mit Olearius befreundet und hatte ihm die Herausgabe seiner Südseereise vertraut als einen Anhang der »Persianischen Reise-Beschreibung« und ihn dann zum Testamentsvollstrecker eingesetzt, in der Hoffnung, daß er diese »geschwinde und unordentlich / nur allein mir zu meiner memoria geschriebene«[82] druckfertig herausgebe. Als Mandelslo an den Pocken in Paris starb, kam Olearius als Freund und Testamentsvollstrecker, auch der Schwester zulieb, die ihn drängte, diesem Wunsch nach. Er tat es mit einer Huldigung an Mandelslos grosse »Wissbegierde, Fleiß und Aufmerksamkeit... an seine gute Natur und frisch Gemüthe... reiffen und scharffsinnigen Verstand«.[83] Als Autodidakt habe Mandelslo es in den freien Künsten und im Lateinischen, in Astronomie und Poeterei erstaunlich weit gebracht. Er sei tapfer, aber sanft und bescheiden gewesen, umgänglich, aufgeschlossen und darum habe er viel erfahren. Das Kupfer, das dem Werk vorgesetzt ist, zeigt einen freundlich melancholischen jungen Mann, der, ohne die massive Gravität des Olearius, dessen Lobsprüche zu bestätigen scheint. Für die unbedingte Wahrheitsliebe Mandelslos setzt sich Olearius ein und belegt sie mit dessen Vorsicht gegenüber allen abenteuerlichen Sachen, die er nicht selbst gesehen. Zum Beispiel die Nachricht, daß in Macassar die Weiber mit den Kindern gleichzeitig Krokodile gebären, versieht Mandelslo mit dem Zusatz »wird vielleicht / wenn sichs so verhält, mit Hexerey seyn zugangen«[84] und dergleichen mehr. Eine leichte Gelehrtenhoffart schwingt in der Vorrede des Olearius mit, das Verlangen, sein Wissen zugleich mit seiner Freundschaft und seiner Pietät auszubreiten, ein Nachwehn der mittelalterlichen Wundersucht, gehemmt und verdickt durch behagliche Aufklärung. Die Geschichte Mandelslos sei empfehlenswert als eine Arznei des Gemüts für alle Arten Leute, zugleich ein guter Wegweiser für künftige Orientreisende, wie ihm selbst, dem Olearius, des Quintus Curtius Alexandergeschichte viel geholfen habe. In drei Einleitungskapiteln schildert Olearius, wie Mandelslo an den persischen Hof kam und durch verdächtige Gastereien und Tanzfreuden ergötzt wurde. Olearius erklärt dabei das Benehmen von ehrbaren Frauen und Kurtisanen in Persien. Mit dem vierten Kapitel beginnt die eigentliche Ich-erzählung des jungen Mandelslo. Wie schon bei dem Vergleich des Gärtners Meister und des Chirurgus Merklein ist in des Olearius und des Mandelslo Berichten der Unterschied zwischen einem ehrgeizigen Schriftsteller und einem zunächst nur auf den Selbstunterricht bedachten Liebhaber erkennbar. Mandelslo gibt ruhige Tagebuchaufzeichnungen ohne eigentlichen Erzählervorsatz, ausser bei Schilderungen allverständlicher Schrecken wie des Seesturms im 24. Kapitel des zweiten Buchs. Olearius legt selbst als wissenschaftlicher Berichterstatter Wert auf erzählerisches Gefüge bis in den Tonfall hinein, wenn er auch als hochgebildeter Mann sich von dem geschmacklosen Schwulst Meisters fernhält. Mandelslo mischt gelegentlich erbauliche oder neckische Betrachtungen, zum Teil in Versen, seinen Tagebuchnotizen ein.

Er ist an frischer Merkekraft seinem Gönner Olearius gleich und bei Beschreibungen von Dingen, die seine Neugier erregten, und die er nicht nur aus Pflichtgefühl des gewissenhaften Reisenden niederschrieb, vielleicht überlegen. Dahin gehört zum Beispiel seine Beschreibung der mohamedanischen Feste und Feuerwerke in Amadabath.[85] Olearius vergisst auch bei den Exoten nie, daß er Wissenschaft treibt, wenn ihm etwas auffällt, und was sein Bericht dadurch an Stetigkeit, Umsicht und perspektivischer Ordnung gewinnt, das büsst er gelegentlich an frischer Pinselführung ein. Freilich kam er als Mitglied der Gesandtschaft und als hoher Würdenträger minder nah an die exotischen Reize und Wunder heran als Mandelslo auf seiner Indien- und Südseefahrt, die persönlich und sachlich noch abenteuerlichere Sichtbereiche anging. Auch der Altersunterschied des gelehrten Mannes und des adligen Jünglings hat wohl mitgewirkt, und – immer wieder – des Olearius Geschichtsschreiber-vorsatz im Gegensatz zu Mandelslos Tagebuchfreiheit. Gemeinsam ist beiden, und deshalb für uns wichtig, das Wachwerden des Wortes an schlechthin fremden Wahrnehmungen, die sie über die eingeleierten Lehr- und Zierphrasen hinwegzwang. Eigentliche Geschichtsschreibung sind ihre Merkungen nicht. Aber es kommt uns darauf an, jeden Ansatz regerer Rede aus hellerem Sehen zu buchen – genau wie uns in der Dichtung des 17. Jahrhunderts auch fragwürdige Lumpen mit unbefangenen Sinnen, ein Greflinger, Schoch und dergleichen, näher berühren als die gefeierten Prachtschwätzer (Hofmannswaldau usw.).

Einen verhältnismässig grossen Raum in Mandelslos Beschreibung nehmen Gastereien und dergleichen ein, solche der Eingeborenen wie der Missionare, der Jesuiten. Zugleich die Neugier des Fremdlings und die heimische Fest- und Prunksucht eines Barockhöflings, der bunte Bombast, womit Lohenstein aus poetischem Idealismus meinte seine Poesien behängen und salben zu müssen, zogen aus einer Art Naturzustand in Mandelslos Berichte ein. Der fabelhafte Orient, nicht als Zierphantastik, sondern als farbiger Rohstoff, würziger Geruch oder Gestank und knalliges Geflitter verlautbart sich dabei mit gediegener Sachlichkeit, die uns zugleich rührt und lächert, weil das freie Staunen, das Herodots oder Caesars Fremdberichte adelt, oder das – bei aller Neugier – mitschwingende wohlige oder ängstliche Ferngruseln eines Marco Polo oder Mandeville darin erdrückt bleiben von einer schwerfälligen Standestracht. Das Staunen, wie sämtliche Gelüste und Koller, war gewiß diesen Fahrern vertraut, wenn sie aber etwas Kurioses sahen oder fühlten, konnten sie es nur melden für Käfig und Bibliothek:

»Wir sahen auch daselbst einen Biggel / ist ein Thier von grösse und Farben gleich einem Reinthier / hatte zwey kurtze schwartze Hörner / wie ein junger Ochse / der Kopff war als ein Pferde Kopff gestalt und schwartz / am Halse hatte es lange Haar / als ein Esel / die Füsse waren schwartz und gespalten«.[86]

Wahrscheinlich meint er ein Gnu oder, wie Olearius anmerkt, einen

Tragelaphus (Waldbock). Neben solchen »kuriösen Relationen« (Happel) beachtet Mandelslo, um einen Grad teilnehmender und angeregter, abweichende Gebräuche, zum Beispiel »Es kosten aber die Portugisischen Visiten nicht so viel als die Englische und Deutsche / dann es bey ihnen nicht gebräuchlich / Wein ohngefodert auffzusetzen«.[87]

Alles in allem ist Mandelslos Reisebeschreibung das Tagebuch eines frischen und gescheiten Mannes, den seine ausserakademische Bildung weder erdrückt noch befreit hat. Bewahrt vor dem öffentlichen Schwulst der literarischen Muster seiner Zeit, fand er doch nicht in seiner Erfahrung eine stilbildende Ausdruckskraft, die seine blossen Gedächtniswinke hätte zu einer Geschichtsschreibung läutern können. Es bleiben achtbare Rohmaterialien eines tüchtigen Mannes.

Olearius hat auch noch zwei weitere orientalische Reisebeschreibungen als wissenschaftlicher Organisator herausgegeben, die von »Jürgen Andersen aus Schlesswig. Der Anno Christi 1644 aussgezogen / und 1650 wiederkommen / und Volquard Iversen aus Hollstein / So Anno 1655 aussgezogen / und 1668 wieder angelanget. Sind beyde respective durch Ost-Indien / Sina / Tartarien / Persien / Türckeyen / Arabien und Palestinam gezogen: und haben zu Wasser und Land viel merckliche Dinge gesehen und erfahren; Aus deren Bericht mit Lust und auch Verwunderung zu vernehmen die Beschaffenheit und heutiger Zustand der Insulen / festen Länder und Städte; Item, der Einwohner Leben / Sitten / Lehre / Gottes-Dienst / und Gewohnheiten. Wie auch Von ihren erlittenen erbärmlichen Schiffbrüchen / und vielfältig aussgestandener Gefahr«.[88] Die Gründe der Herausgabe waren stofflich. Andersen war während der Generalvisitation der holländischen Handelsgesellschaft auf Java und konnte in Diensten der Visitatoren viel erfahren, was den Gelehrten Olearius anzog. Obwohl kein Gelehrter, war er sehr sprachgewandt und imstande, ausser mit Holländern und Portugiesen, mit Malaien, Tartaren, Persern und Türken ohne Dolmetsch zu reden. Olearius rühmt ihm »gutes Iudicium und scharfes Gedächtnis« nach. Andersen hatte seinen Bericht auf Befehl des Herzogs Friedrich III. von Schleswig-Holstein niedergeschrieben, und Olearius fand sie der Publikation nach vorheriger stilistischer Durchbesserung und Ordnung wert. Iversens geographisch mit Andersens Bericht meist übereinstimmende Aufzeichnung wollte er wegen der geschichtlichen Fakten kundmachen: es ist eine der Hauptquellen für die Geschichte des berühmten Grossmoguls Aurangzib oder Oranchzeph, die damals als orientalische Gruselmär die Phantasien ungefähr beschäftigte wie im 19. Jahrhundert die chinesischen Wirren – behaglich fern und fremd und verwirrend gleichgültig – das wohlige Spiessbürgertum erbauten, das Goethe im Osterspaziergang des »Faust« belächelt:

> Nichts Bessers weiß ich mir an Sonn- und Feiertagen,
> Als ein Gespräch von Krieg und Kriegsgeschrei,
> Wenn hinten, weit, in der Türkei,
> Die Völker auf einander schlagen.

Neben diesem politischen Genuß empfahl sich Iversen noch durch seinen Bericht von der »Indianischen Heyden Leben / Sitten und schändlichen abergläubischen Religion«.[89] Der theologische Rückhalt der Historie blieb gewahrt, und weniger der faustischen Fernsucht als der biederen Erbauung dienten solche Schriften, »daraus zu ersehen / in was grosser Blindheit die Heyden noch heutiges Tages stecken / und wir an unserm Orte für jene glückseeliger zu schätzen / dass wir in diesen Ländern gebohren / unter Christlicher Herrschafft leben / in der allein seeligmachenden Religion aufferzogen / in der Gottes-Furcht täglich unterrichtet / dieselben üben / Gott nach seinem Willen dienen / und dadurch die ewige Seeligkeit erlangen können / und daher grosse Ursache haben Gott / von Hertzen für solche Gnade zu dancken«.[90] Die Berichte selbst sind noch mehr als Mandelslos Schrift Kuriositätensammlungen, frisch und aufmerksam, aber wirr und näher an blossen Zettelkästen als Mandelslo. Der Versuch, Belesenheiten und Beobachtungen zu vergleichen, zeigt selbst dieser wackeren Laien barocke Lehrhörigkeit. Dankbar ist man ihnen überall für den redlichen Sachengriff, der sie unterscheidet von den Redekünstlern. Naturkunde, Handel und mittelalterliche Fabelei sind oft unlösbar verbacken. Zum Beispiel die Schilderung des Rhinozeros oder »Abada« aus Andersens Bericht: »Etliche wollen / daß diß Thier das Einhorn sey / welches in der H. Schrifft gedacht wird / ist aber den Umbständen nach der Wahrheit nicht ähnlich. Man hält das Horn / so es auf der Nasen hat / so kräfftig wider den Gifft / als das Einhorn. Diß Thier ist schwartzblau von Farben / der Leib fast so dick als ein Elephant / doch hinten dicker als fornen / die Haut ist bey 2 Finger dicke / krauß und gestalt als die ein Waffen bedeuten solte / kurtz von Beinen / hat Füsse als eine Kuhe / wie auch der Kopff einem Kuhhaupte nicht gar unähnlich. Das Horn auff der Nasen ist ohngefehr ein Quartier lang / auch wol bey etlichen minder. Ein solch Horn wird umb 50 biß 60 Thaler verkaufft. Es ist mercklich / wenn es wahr / was die Indianer sagen / daß / wenn der Rhinocer zum Bache zu trincken kompt / und andere Thiere sich auch zur Träncke finden / sollen sie aus Respect gegen ihm warten / biß er zu erst getruncken hat. Er soll allezeit Streit mit den Elephanten haben / die doch auff dieser Insul nicht fallen / sondern müssen dahin gebracht werden«.[91]

Iversen ist einen Grad dumpfer als Andersen, schwerfälliger, vielleicht auch durch seinen Beruf, die Buchbinderei, ein wenig verbildet, das heisst mit unbewältigten Gelahrtheiten belastet. Die Gewerbe, die mit den Wissenschaften zu tun haben, ohne darin aufzugehen, ziehen öfter solche Unsicherheiten nach. Zwei grossen Schriftstellern des 19. Jahrhunderts schmeckt man bis in ihren Tiefsinn hinein solche Pedanterien nach, die das Gegenteil des unbefangenen Schöpfertums sind: Zola war Buchhändler, Ibsen war Apotheker. Goethes unglückliche Liebe zur Malerei hat ihn schöpferisch gemacht, weil es eine Leidenschaft war. Was Genies aus Pflicht tun, wie Zola, Ibsen, auch Balzac, lähmt ihren Flug.

Das Beste am Berichterstatter Iversen ist seine muntere Neugier: er fängt damit wirklich etwas von der wilden fremden Welt der Südsee ein, trotz seines behäbigen Zwinkerns. Ein Beispiel, sein Bericht über die fliegenden Fische:

»Das ergetzlichste war / daß viel Fische / als Hering groß auff unser Schiff geflogen kamen / welche ohne Zweiffel von den Raub-Fischen möchten gejaget werden / und wurden uns zur Speise: Imgleichen auch etliche Vögel / so grösser als bey uns die Meven / kamen und satzten sich auff die Maste und Mastkörbe / umb zu ruhen / zu welchen unser Boots-Volck des Nachts hinauff stiege / und sie mit Händen griffe. Unser Muster-Schreiber / welcher gemeiniglich / wenn er etwas seltzames sahe / seine Gedancken darüber in Verse setzte / schrieb hierüber dieses:

Lust / auff wilden Wellen liegen /
Wo die Fisch' in Lüfften fliegen /
Wo das Feder-Vieh bey Nacht
Sich in unsre Hände macht.«[92]

Das gleiche Reisegebiet wie Ludwig Tschudi und ursprünglich denselben Zweck hat der »Brandenburgische Adeliche Pigler Otto Friedrich von der Gröben«. Er hat seine Erfahrungen in der »Orientalischen Reise-Beschreibung« niedergelegt und diese erweitert durch den Bericht von der »Brandenburgischen Schiffahrt nach Guinea, und der Verrichtung zu Morea«.[93] Der Verfasser war ein im Sinne der Opitzzeit gebildeter, das heisst belesener und beredter norddeutscher Edelmann von fleissiger Abenteuerlust. Die Reise selbst hat er mit siebzehn Jahren 1675 begonnen, also fast zwanzig Jahre früher als er sie beschrieb. Seine Vorrede kennzeichnet ihn als einen Mann, der sich über gemeinen Gebrauch in der Welt umgesehen, und der die Fremde erlernen, erfahren will. Eine grosse, temperamentvolle Redseligkeit, die sich gar nicht genug tun kann in der Aufzählung dessen, was er an Hemmnissen überwinden, an Kenntnissen einheimsen will, unterscheidet ihn von den bisher betrachteten Autoren seines Standes als Stilist. Durch die gemessene Gravität seiner seitenlangen Sätze vernimmt man eine erregtere Stimme, ein prahlerisches Behagen an seinen Abenteuern: Zeichen des jugendlichen Junkers zugleich. Er ist ebenso weit entfernt von des Olearius und sogar des jungen Mandelslo wissenschaftlicher Neugier wie von Ludwig Tschudis behaglich-frommem Gang, den seine Begegnisse, trotz seiner Wachheit, nicht dem Heilsziel abwendig machen. Gröbens Anspruch geht mehr auf Belehrung als auf Erlösung, und er rechtfertigt sich durch viele Seiten Vorgänger aus der alten und neuen Historie, um zugleich seine gründliche Erudition zu bewähren. Das Gemisch eines frischen Fernendrangs mit einer sesshaften Literaturetalage, die ihm nicht ganz natürlich ist und womit er sich deswegen besonders wichtig macht, gibt seinem Buch das Gepräge. Er schwankt zwischen selbständigem Sehen und schlotternder Lektüre, belädt Dinge, die er eigen beobachtet, mit vielen Belegstellen, die wenig damit zu tun haben, und verrät schon durch den ausführlichen Einschub einer Ahnentafel in seine Vorrede, daß er die verschiedenen Sorten Eitelkeit, die einem vornehmen Barockautoren zustanden, ja oblagen, nicht genau auseinanderhielt. Er rühmt die Verdienste seiner Vorfahren nicht wie ein adelsstolzer Ritter, sondern wie ein titel- und ämterstolzer Literat. (An anderer Stelle habe ich die Spannung zwischen Berufs- oder Geburtshochmut und Professoren- oder Autoreneitelkeit als ein Kennzeichen barocker Vornehmtuerei gezeigt, gelegentlich Veit Ludwig von Seckendorffs Lucanübersetzung).[94] Als Schriftsteller fühlt er sich, trotz seiner Hochgefühle, zur bescheidenen Abwehr etwaiger Vorwürfe veranlasst: es gäbe schon genug Reisebeschreibungen, er habe eben nur

Selbstbeobachtetes beschrieben und, was Frühere gesehen, sei durch den Wandel aller Dinge neu und die Welt überhaupt »so ein grosses Buch / daß wir dasselbe nimmermehr ausslesen und lernen können«. Nicht für gelehrte Alleswisser schreibe er, sondern für nachdenkliche Einfältige. Der erbauliche Wink von der Vergängnis aller irdischen Herrlichkeit dient als weitere Rechtfertigung seines Unternehmens, »dann wo einer hier lesen wird / wie daß die herrliche und heylige Stadt Gottes Jerusalem verwüstet / die mächtige und weltberühmte Stadt Babylon / derer Mauren und kostbahre Garten ehrmahlen von der Königin Semiramis gebauet und angeleget / unter die sieben Wunderwercke der Welt gerechnet werden / wie Lactantius / I. 3 C. 14. meldet / auch andre Geschichtbücher hiervon zeugen / als Strabo, Mela, Justinus, Diod. Siculus, Plinius, Solinus, Herodotus, Aristoteles und Coelius Rhodiginus, gar in der Aschen und Steinhauffen lieget / andere vornehme Oerter öde und unbewohnt seyn / das gelobte und benedeyte Land / da Milch und Honig innen floß in eitle Unfruchtbarkeit verwandelt / der wird sich also fort hierbey erinnern können / wie der gerechte Zorn Gottes ein recht verzehrend Feur sey«.[95]

Kommt man von der Vorrede mit ihrem Faltenwurf von Adelsstolz, Autorendünkel, Abenteuerfrische und Theologendemut zu Gröbens Reisebericht selbst, so ist man angenehm enttäuscht über die Sachlichkeit der Beschreibungen und die leidliche Zucht seiner Erudition, obwohl er, ein Opfer seiner Zeit, sein Gesehenes mit Gelesenem flitterhaft umkräuselt. Im Ganzen aber bekundet auch sein Bericht, wie sehr der Wahn von Zier- und Lehrpflichten den gesunden Sinn und das frische Geblüt verwirrte, sobald sie öffentlich reden mussten. Gröbens Aufzeichnungen sind wahrscheinlich zunächst, wie Merkleins oder Iversens, tagebuchartig als Gedächtnishilfe fixiert gewesen und erst nachher – ohne völligen Verlust ihrer ursprünglichen Echtheit und Dichte – aufgeputzt und angetrieben worden, etwa mit kirchenhistorischen Kommentaren zu den heiligen Stätten. Je weiter weg von biblisch oder klassisch berühmten Gegenden er kommt, desto besser schreibt er, weil der Antrieb des eitlen Zitierens wegfällt. Am frischesten, anschaulichsten, am wenigsten durch Putz und Prunk entstellt, sind diejenigen Teile seiner Beschreibung, wo Staunen oder Gruseln ihm die Feder führen, wie bei der Schilderung grosser Stürme und wilder Kämpfe mit Seeräubern oder der Beschreibung von Mumien und Pyramiden oder wo – ein Zug, dem wir in der schöngeistigen wie in der wissenschaftlichen deutschen Literatur des 17. Jahrhunderts immer wieder begegnen – die Freude an Greueln ihn leitet, die Gryphiussche, Lohensteinsche, Happelische und sogar Grimmelshausenische Wollust an Sklavenmärkten, Hinrichtungen oder dergleichen. Bis in den Stil hinein spürt man hier den Übergang aus der frischen Tierheit, der unschuldigen Grausamkeit, die dem Menschen als Tier und Kind innewohnt, in den geistigen Genuß dieser Grausamkeit, der überfütterte und überbildete Zeitalter reizt – Behagen und Kitzel zugleich.

Auch Gröbens Reisebeschreibung erwähne ich hier als ein Zeugnis der Exzentrik von Geist und Natur in dieser Zeit, die weder eine Spannung noch eine Eintracht erlaubt. Als reine Materialsammlungen sind solche Bücher nützlich, gescheit und tüchtig gewesen, als Geschichtsschreibung und -darstellung unleidlich, weil das Sehen und das Sagen aneinander vorbei knarren. Das Reden dünkte all diesen Autoren eine selbstgenugsame, neben ihrem Erfahrungsgehalt erlernbare Kunst. Fast keiner wusste, wie er ausserhalb von Mustern, Regeln, Autoritäten ein frisches Gesicht oder Gefühl zeigen sollte, und so schütteten die Autoren ihren oft sehr reichen Merkstoff formlos in feste Gefässe, wenn sie Dilettanten waren, oder verwendeten ihn zu dekorativen Kunststükken, wenn sie Berufsschriftsteller waren. Aus diesem vertrackten Verhältnis zwischen Form und Stoff kam zum ersten Mal *der* Mann heraus – als Geschichtsschreiber (von der Dichtung rede ich hier nicht) – den eine Besessenheit des Schauens und eine Leidenschaft des Verkündens schützte vor dem trägen Wissensdünkel und dem eitlen Spiel mit Redekram, ein Mann, der nicht bloß zeigen wollte, was er wisse oder könne, und nicht bloß sammlerisch belecken und beschnaufen, was er erworben, sondern – befehligt von seinem gläubigen Entzücken – überschwingen in andere Gemüter mit dem befreienden Wort. Trotz der Krankheiten seines Jahrhunderts, trotz Lehrfron und Redemast hat sich zuerst Johann Joachim Winckelmann entwunden als ein begeisterter Sucher, nicht bloß als ein vergnügter oder grämlicher Archivar gewussten Wissens.

XI

Politische Historie:
Mascov, Bünau

Das äusserste Gegenteil der autobiographischen Berichte sind die grossen Buchkompilationen der eigentlichen Fachhistoriker Johann Jakob
Mascov (1689–1761) und Graf Heinrich von Bünau (1697–1762). Es
sind weitläufige Materialsammlungen, wesentlich unter staatsrechtlichen Gesichtspunkten zusammengetragen.

Mascovs »Geschichte der Teutschen«[96] reicht bis zum »Abgang der
Merovingischen Könige«. Er ist ein geborener Danziger, brachte sein
Leben als Hofmeister, Ratsherr, Kanonikus und dergleichen, kurz als
theologisch-juristischer Honoratior zu. Er beruft sich auf die allgemeine Teilnahme an der alten deutschen Geschichte als den Anlaß seines Buchs. Er wolle Ordnung in die Überlieferungen der alten Historiker bringen, den Grund zu einer allgemeinen deutschen Geschichte
legen, Gewissheit darüber oder wenigstens Wahrscheinlichkeit erlangen. Der Gemeinplatz des Späthumanismus und der Barockzeit von der
germanischen Nachfolge der römischen Weltherrschaft (wie er sich in
Frischlins »Julius Redivivus«, in Schottels Werk »Von der deutschen
Hauptsprache« und in Lohensteins Arminiusroman lautmacht), der gelehrte Patriotismus nach dem Dreissigjährigen Krieg wirkt in Mascovs
Unternehmen nach als ein staatsrechtlicher Führer. Durch den Wirr-
warr der deutschen Kirchen- und Staatswandlungen will er helfen: ein
Ideal der Aufklärung, durch Kenntnis der Herkünfte die richtigen
Zwecke festzustellen, ermuntert ihn. Die Kenntnis der Völkerwande-
rungszeit hält er für unerlässlich zum Verständnis der jetzigen deutschen Verfassung wie die Kenntnis der römischen Historie zum Verständnis der meisten europäischen Reiche. Für die Moral sei auch
gesorgt, denn zwar seien die »Aktores« und der »Schauplatz anders
ausgezieret«, aber die Leidenschaften und Begierden wirkten noch genau so: Geschichte als bunte Musterkarte unwandelbarer Lehren. Zudem müsse es die Deutschen freuen, zu lernen wie es ihren Ahnen
gelungen sei, nach manchen Niederlagen die Römer zu überwinden
vermöge eigenen »Genies« (das Wort gebraucht er) und eigenen Grun-

des. Die Nationen, die er beschreibt, bestimmt er nach Stamm oder Land laut Plinius und Tacitus. Völker, deren »Sprache, Gestalt, Religion und Sitten ihren Teutschen Ursprung« anzeigt, begleitet er auf ihren Wanderungen in neue Reiche, um die Geschichte der Zurückgebliebenen zu erläutern.

Seine Schreibart entschuldigt er, nach den durch Bünaus Werk über Friedrich Barbarossa gehobenen Ansprüchen, mit der »Finsternis«, ja dem »Grausen« der Urgeschichte. Ehe nicht einfache Klarheit in den Fakten beschafft sei, müsse er auf Romankünste verzichten, ein für die deutsche Stilgeschichte bezeichnender Wink. Das Opitzianische Verlangen nach Unterhaltsamkeit, nach Zier oder Eleganz der selbstgenugsamen Redekünste, ringt hier mit dem Gewissen des Wahrheitsforschers, und Mascov entscheidet sich schmerzlich, doch mit dem Gefühl der Tugend, für gediegene Trockenheit: die Versuchung, dunkle Zeiten mit spannenden Wahrscheinlichkeiten aufzuschmücken, wehrt er ab. Schon die alten Historien der Sachsen und Franken seien voll solcher »Abentheuer«. Er wolle die »Ecken etwas herfür ragen lassen«, dafür aber unscheinbare Einzelheiten aufzeichnen, deren stoffreichere Historiker entraten könnten. So habe er die alltäglichen Einzelheiten über Glauben, Sitten und »Policey« der Deutschen möglichst genau vermerkt. Eine captatio benevolentiae entschuldigt etwaige Unklarheiten aus der völlig fremden Welt, womit er zu tun habe, und verweist nochmals auf seine notgedrungene Schlichtheit: Portraits seien »nicht so leichte zu machen«.

Das ist eine Abfuhr der Memoiren- und Schlüsselroman-Historie, welche auf den Spuren der französischen Höflinge die ganze Vorwelt in Boudoirpikanterien auflösen wollte. Der schon erwähnte »Arminius« des Lohenstein, die »Durchläuchtige Syrerin Aramena« des Herzogs Anton Ulrich von Braunschweig, der »asiatische Onogambo« des Eberhard Werner Happel lockten als eine historische Gattung auch den keuschen Gelehrten, sobald er überhaupt einmal über die reinen Archivbedürfnisse hinausging, als gefährliche Blumenmädchen. Mascovs spöttischer Trutz wider solche Anfechtung ehrt seinen Sinn, indem er uns verdeutlicht, wie schwer es war, überhaupt in Deutschland den Wahrheitswillen mit dem Schönheitswillen zu vereinen. Noch im 19. Jahrhundert galten in der wissenschaftlichen Zunft gut schreibende Historiker für verdächtig, selbst Mommsen, selbst Ranke, dessen Werke ein Marburger Professor nicht in die Bibliothek lassen wollte als

Schöngeisterei. Mascov »wagt« es indessen, unter Führung der Alten, bei hinlänglichem Stoff, die Hauptpersonen Arminius, Marbod, Athaulf, Genserich, Attila und Theoderich »deutlicher abzubilden«, aber schlichter und natürlicher Vortrag wirke besser als Kunst und Zierat.

Vielfach ist Mascov bloß der Übersetzer der paar hundert Quellenschriftsteller, die er anführt, und hat ihre aus verschiedenen Jahrhunderten stammenden Notizen nur notdürftig in sein Beamtendeutsch übertragen. Von seinen Vorgängern unterscheidet ihn das klare und saubere Nachdenken über Stilpflichten eines Historikers überhaupt. Schon seine Abwehr der unterhaltsamen Schönschreibung, seine beinahe ironische Selbstbehauptung als Wahrheitsmittler reiht ihn, auch ohne nachhaltigen Erfolg, unter die Väter deutscher Geschichtsschreibung. Ehe das Wunschbild deutscher Prosa verwirklicht werden konnte, mussten die Autoren wenigstens leiden an der Unzulänglichkeit der vorhandenen Ausdruckgattungen. Das eitle Behagen der Spät-Opitzianer an ihren gelahrten Redekünsten und das immer noch mönchische Abschreiben und Zusammenstoppeln von Museumsstellen genügte Mascov nicht mehr. Er hatte ausser den Alten auch die Franzosen vor Augen, zumal den gefeierten Prachtrhetor des »Discours sur l'Histoire universelle«, Bossuet, dessen apokalyptische Auslegung der Gotenschrecknisse er mit gewissenhaftem Stolz ablehnt. Trotz seines Fleisses und seiner durch und durch rechtschaffenen Gescheitheit konnte Mascovs »Teutsche Geschichte« noch nicht über die Gelehrtenzirkel hinaus eine deutsche Geschichtsschreibung begründen, weil ihm der lebendige Bildungsraum fehlte, worin er sich tätig und wirksam fühlen durfte. Er muß ein gescheiter Ratsherr von weltmännischer Würde gewesen sein, kein Pedant und Zelot. Aber das verzehrende Feuer der genialen Aufklärer, durch die Staubschichten der festgepackten Bücherwälle hindurchzustossen, der Vergangenheit Aug in Aug zu begegnen, mit dem Herzblut die grossen Geister der Vorwelt zu beschwören, hinter den Menschen und Buchstaben den Gottesodem zu vernehmen, das Wahre, Gute, Schöne zu wecken in den schnarchenden Zeitgenossen durch Aufruf der Verhängnisse und der Gesetze... all diese Antriebe Winckelmanns, Lessings, Herders, Müllers kannte er noch nicht. Ein Schulbuch bleibt seine Geschichte der Deutschen, besser geschrieben als irgendeine seit Aventinus und Franck, aber kein Buch der Erweckung und der Wandlung wie alle Historien ersten

Rangs von Tätern, Sehern, Bildnern. Das Bewusstsein der fernen Schrecknisse, wovon er meldete, regte ihm nicht den faustischen Schauer der Erinnerung, sondern das zufriedene Famulusgefühl, wie herrlich weit wir es gebracht. So ist seine Historie doch eine Beisetzungsrede über Völker, die ihn trotz seines Vorworts wenig angingen und *über* die er mehr wusste als *aus* ihnen. All solche Bücher veralten, unbeschadet ihrer stofflichen Verwendbarkeit und ihrer vorschulgemässen Erziehungswerte.

Wir sind hier an das Geheimnis des Veraltens überhaupt gekommen: es hat nichts mit den Kenntnismassen und Könnergraden zu tun. Leute wie Mascov und Bünau sind überaus wichtige, würdige, tüchtige Personen. Trotzdem lebt ein Volkslied wie »O Strassburg« und »Morgen muß ich fort von hier« länger als diese achtbaren Wälzer, weil es aus den Gründen der Menschennatur in einem glückhaft zeugenden Nu stammt, und das andere aus den abgelegten Reliquien. Herodot, Thukydides, Livius, Tacitus, Müller, Ranke, Mommsen, Burckhardt, Gibbon, Macaulay, Thierry und selbst Thiers – so verschieden voneinander durch Zweck und Kraft – haben alle das miteinander und mit der echten Kunst gemein, daß sie ergriffen waren bis zur Selbstaufhebung von den Kräften, deren Gleichnisse die Vergangenheit ihnen bot. Winckelmanns Griechentum mag heute in sämtlichen Einzelheiten widerlegt oder überholt sein: was er sah, sah er wirklich aus der eigenen Sehnsucht, und der Geist erschien ihm, dem er glich. Den hat er verewigt. Wer nur meldet, woran er bloß teilhat oder sogar unbeteiligt ist, der vergeht mit seinen Seiten.

Unter Mascovs Nachfolgern der nächste und wichtigste ist Heinrich Graf von Bünau durch seine vierbändige »Genaue und umständliche teutsche Kayser- und Reichs-Historie«.[97] Vor Mascov hatte er die staatsmännische Aktivität, den politisch weiteren Gesichtskreis voraus. Er war nach einer sehr gründlichen Vorbildung in Schulpforta und Leipzig als Jurist bis in den geheimen Staatsrat des Königs August des Starken von Sachsen, dann in kaiserliche Dienste gelangt, ward Weimarischer Premierminister, kannte also den diplomatischen Betrieb in einer der staatsrechtlich wie politisch erregtesten Zeiten, wenn nicht an leitender, so doch an wirksamer Stelle. Sein gelehrter Helfer und Bibliothekar war eine Zeitlang Johann Joachim Winckelmann. Seine geschichtsschreiberische Laufbahn eröffnete er mit einer Geschichte Kaiser Friedrichs I.,[98] die ihm als Stilisten das Lob Mascovs eintrug. Seine

Reichshistorie überbietet diesen noch an Fülle des Materials, das ihm schon durch seine weltberühmte Bibliothek leichter zugänglich war. Auch stilistisch war er als Weltmann und Diplomat in einer freieren Schule. Ein Gemisch von gemessener Eleganz und geläuterter Gelahrtheit kennzeichnet seine Schreibart. Den Juristen verleugnet auch er nirgends, und sein Werk dient weniger der Darstellung von Menschen und Ereignissen als der Begründung von Machtverhältnissen, die sein Dasein noch mitbestimmten. Das war zwar eine Verlebendigung, doch nicht hinreichend, um seine Tatsachen bildhaft, seine Redeweise energisch zu machen. Sie ist ledig von den schlimmsten Fehlern der zeitgenössischen Historie, schleppendem Schwulst und überladener Dürre. Doch ermangelt sie positiver Kraft, Fülle und Wärme. Was man im 19. Jahrhundert Ranke lange mit Unrecht vorgeworfen hat, aus einem romantischen Verlangen nach Begeisterung oder aus demokratischem Widerwillen gegen den Abstand von moralisch-politischer Parteinahme – gelckte Glätte und diplomatische Kühle – kann man Bünau eher vorhalten. Rankes geschmähte oder gerühmte »Objektivität« geht zurück, trotz mancher gesellschaftlicher Anpassungen des jungen Professors an romantische Diplomatie und Aristokratie, auf die kontemplative Gerechtigkeit eines Frommen, der Gott in all seinen Erscheinungen nachdenken möchte, und ist mehr Theosophie als Diplomatie. Bünau ist ein wirklicher Weltmann und legt Wert darauf, nicht mit den Pfaffen oder Schulfuchsern verwechselt zu werden, in deren Händen er grösstenteils die deutsche Wissenschaft sah. Nur war deutsche Rokoko-diplomatie selbst eine ziemlich pedantische Angelegenheit und die Eleganz eine Schulformel. Seine Berufssprache war überdies das Französische, ohnehin das Stilmuster damaliger deutscher Literaten: Bünau war Zeitgenosse Gottscheds. Zu den Mustern, die ihm vorschwebten, Mabillon oder Massuet, verhält er sich als Stilist ähnlich wie Gottsched als Poet zu Voltaire (ohne im übrigen den Vergleich weiterzuführen): an schwerer Gelehrsamkeit erreicht oder übertrifft er sie, aber nicht an geistiger Durchdringung der Kenntnisse, erst recht nicht an Zeigekunst. Er hat noch ein Werk in vier Bänden verfasst, »Die Historie des Kriegs zwischen Frankreich, England und Teutschland«.[99]

Die Vorrede seiner Reichshistorie gehört zu den programmatischen Zeugnissen deutscher Geschichtsschreibung und geht noch über Mascov hinaus: nicht alles Geschehene sei merkenswert, obwohl auch geringe Personen Tugendmuster sein könnten. Blosse Jahrbücher, woraus man nur das Wetter, den Kornpreis oder Missetaten erlerne, hätten keinen allgemeinen Nutzen. Dagegen die Geschichte berühmter Völker, grosser Männer steigere die Erkenntnis, die Gelehrsamkeit und diene der Nachwelt zum Heil. Nur müsse auch die berühmteste Historie unparteiisch Gewissheiten oder Wahrscheinlichkeiten vermitteln. Weit ausführlicher als diese ersten Punkte – Gemeinplätze schon der Antike – erörtert er die Schreibart. Wie Mascov hat er darüber aus Müh und Plage viel gegrübelt. Sie müsse ordentlich deutlich und sachgemäß sein. Verworrener, niedriger, irriger, überladener Vortrag verderbe ein Geschichtsbuch. Die deutsche Geschichte sei für ganz Europa wichtig durch Männer, Ereignisse, Beziehungen. Den Deutschen selbst sei über gute und böse Beispiele hinaus die »Kenntnüs des teutschen Herkommens« nötig und nur aus deutscher Geschichte lernbar. Der Ursprung der Gerechtsamen des Kaisers und der vielen regierenden Herren, des Gleichgewichts zwischen den einzelnen Befugnissen – Bünaus Hauptgesichtspunkt – werde aus der Historie verständlich. Die Reichswohlfahrt hänge an der Staatslehre, diese an der Reichsgeschichte. Die Urkunden seien noch nicht gesammelt, die Historiker hätten sie nicht gekannt, nicht genutzt oder parteiisch missbraucht, trotz der Gleichberechtigung oder Überlegenheit der deutschen Geschichte über die so sorglich behandelte Antike. Italien habe schon nachahmenswürdige Urkundeneditionen. Unnütz sei zwar der jetzt übliche wahllose Abdruck von Zufallsdokumenten ohne Quellenuntersuchung (vielleicht denkt er an Marquard Freher und ähnliche Editoren)... auch achte man kaum auf den Gesinnungswandel der jeweiligen Machthaber und behandle alles aus vorgefassten aktuellen Meinungen. Er wolle als erster jede Behauptung belegen und nicht den Alten nachahmen, die leider ihre Quellen meist verschwiegen. Die Schreibart habe ihm mehr Arbeit gemacht als Sammlung und Untersuchung: deutsch habe er geschrieben wie Cicero lateinisch, nach dessen Grundsatz, daß die Verächter der eigenen Sprache keine rechten Gelehrten seien. Deutsch werde jetzt besser geschrieben als früher, gereinigt von unnützen Fremdworten, auch von der verstiegenen Deutschtümelei sei man abgekommen, aber Vollkommenes liege noch nicht vor. Es selbst werde es auch nicht dahin bringen, aber andere ermuntern weiterzukommen. Es fehle an alten einheimischen Geschichtsschreibern: was man von der Vorzeit wisse, stamme aus fremden oder feindlichen Autoren, die nur von der Geschichte ihres Landes aus die deutsche nebensächlich oder ungerecht behandelt hätten. Er habe drum in seinem ersten Teil den Kampf und Sieg der Germanen über Rom gründlich durchforscht. Der vaterländische Stolz des Germanenenkels kommt auch hier humanistisch zu Wort. Er sei allen alten Skribenten, zum Teil auch Vorgängern wie Cluver, Alting, Spener gefolgt.

Bünaus Wunsch nach möglichster Genauigkeit und Gerechtigkeit bringt ihn zu Quellenuntersuchungen innerhalb des Textes selbst, ein Schaden der eigentlichen Geschichtserzählung. Mascov hat dergleichen in Anmerkungen, Ranke in Analekten untergebracht. Dahin gehört zum Beispiel die Frage nach dem Wunder bei der Taufe Chlodwigs: eine Taube habe das Salböl vom Himmel gebracht, wie Hincmar meldet. Der redliche Aufklärungsgeist wehrt sich dagegen mit einer fast Voltairianischen Ironie durch den Hinweis auf das Schweigen des ältesten Berichterstatters, Gregors von Tours, der doch gern von Wundern rede. Wenn er hier schweige, von einer so auffallenden Sache, werde es nicht stimmen. Chlodwig selbst, dem man zwar nachrühme, er habe den Christenglauben erst nach genauem Wissen und Gewissen annehmen wollen, habe wohl kaum Zeit gehabt, sich genügend zu unterrichten, von seinem schlechten Lebenswandel ganz abgesehen. Die Taufe sei rein politisch gewesen. Im Ton wie in der Sinnesart, im Fleiß wie in der Schärfe erinnert dieser Exkurs an die meisterhafteste Geschichte dieser Zeit, an Edward Gibbons »Decline and Fall of the Roman Empire«. Die Vereinigung von geschichtsschreiberischen Gaben macht Bünaus »Teutsche Kayser- und Reichs-Historie« zu einem Vorläufer dieses gewaltigen Buchs. Es mangelt darin freilich die – bei aller Ironie und Helle – von Gibbon durchgehaltene weltgeschichtliche Stimmung, der Schauer der Ergriffenheit von den Weltverhängnissen, den ich als den schriftstellerischen Dauerwert solcher Bücher bezeichnete. Der enorme Eifer, Fleiß, Scharfsinn Bünaus ersetzt noch nicht diesen Geheimgrund epischer Darstellung. So behält sein Buch, trotz der grossen Darstellungsfrische, doch das Gepräge einer meisterlichen *Über*setzung mehr als einer *Um*setzung der aus zahllosen Akten gesammelten Urkunden. Die moralische Nutzanwendung, manchmal politisch-ironisch, manchmal theologisch-doktrinär vorgebracht, schwächt das unmittelbare Gesicht von Ereignissen und Personen, wie es Müller oder Gibbon, trotz ihrer aufklärerischen Pragmatik, aus einer sehnsüchtigen Erinnerung ihren Geschichten mitgaben. Es ist ein Unterschied, ob man wie diese aus einem ursprünglichen Historikerpathos, aus einer

Ergiffenheit schreibt und dann mehr oder minder flache Nutzanwendungen nachschickt, ob man Geschichte ausdeutet, oder ob man von vornherein einem gebieterischen Nutzzweck dient und diesem gemäß die Stoffe sammelt und ordnet. Das ist aber bei Bünau der Fall.

Innerhalb dieser Hemmung oder Lähmung ist seine Reichshistorie auch sprachlich ein Meisterwerk. Trotz der Lust an langen, wohlgetönten, den lateinischen Perioden nachschwingenden Sätzen ist darin die stockige Schulmeisterei, Pfäfferei in einem Grade überwunden, der selbst nach Mascov kaum zu erhoffen war. Ein Vorläufer Lessings ist Bünau durch die Verbindung von gespanntem Wahrheitswillen, Lastträgerkraft und souveränem Witz in dem doppelten Sinn von Verstand und Scherz. Zwar hatte er weder so viele Anlässe noch solche Wendigkeit des Witzes wie unser zweiter Reformator, aber innerhalb eines Bereichs, der in Deutschland bisher den Staubschluckern und den Zänkern vorbehalten schien, atmet man auf bei der vornehmen, nicht nur vornehmtuerischen Sprachhaltung dieses Geschichtsschreibers. Sie entspricht durchaus dem Bilde das seinem Werke vorgebunden ist: ein heller, wacher, scharfer, ja freier Mensch blickt unter der Perücke hervor... ein Staatsmann, der der Welt rückhaltend und mutig begegnet, nicht ein vergrübelter Bücherwurm. Ich gab bereits eine Probe seiner Ironie, gleich fern von plumper Vertraulichkeit und täppischem Gezeter. Sie findet sich wieder und wieder in seinem Werk, besonders an Stellen, die es mit Glaubensfabeln und hierarchischem Pragmatismus zu tun haben. Das deutet darauf hin, daß er auch stilistisch als Weltmann sich abheben wollte von den Theologen, die kaum ohne Verwünschungen und Seligpreisungen auskommen, und – immer wieder muß man sich das vergegenwärtigen – doch die Historie beherrschten und belasteten. Andererseits hält Bünau sich auf fern von den Neckereien und Tänzereien der Spätaufklärung aus Voltaires Nachfolge. Er war ein frommer Christ, nicht ein grundsätzlicher Kirchenfeind, und nur ungeduldig über die nachweisbare Verfälschung von Ereignissen glaubenshalber. Ein Beispiel aus der Geschichte von Radagais und seinen Scharen:

»Da aber das Römische Reich immer mehr und mehr herab kam, und an Kräfften schwächer ward, nahmen die Heyden daher Gelegenheit der Einführung der Christlichen Religion alles bissherige Unglück beyzulegen, und ihren vermeinten Göttern allein zuzuschreiben, daß sie die ihnen bezeigte Verachtung rächen wolten. Als nun noch dazu bekannt ward, daß Radagaisus ein Götzen-Diener sey, bildeten sich die Heyden nichts gewisser ein, als daß er die Oberhand behalten und zugleich ihre Götter an den Christen rächen werde.

Ob nun gleich das Glück oder Unglück eines Reiches von der Wahrheit oder Falschheit des Glaubens nicht zeugen kan; So wieß sich doch bald, daß die vermeinten Götter die ihnen angethane Schmach zu rächen nicht im Stande gewesen, und die Christen hatten vor dieses mahl das Glück und Vergnügen, daß sie erfuhren, wie sich ihre Feinde in der gemachten Propheceyung betrogen sahen«.[100]

XII

Glaubensgeschichte:
Gottfried Arnold – Exkurs über Bossuet

Was Sebastian Franck unter Luthers Gewittern grossartig begonnen, eine Kirchengeschichte deutscher Sprache und von deutscher Sinnesart mit einer neuen Gerechtigkeit für die einzelnen Gottsucher abseits von den fertigen Gesetzen, das vollbrachte am Ende des Opitzjahrhunderts Gottfried Arnold (1666–1714). Seine »Unparteyische Kirchen- und Ketzer-Historie«[101] ist eines der grossen Bücher, worin die Haupttugend deutschen Geistes, der eigentliche Grund der deutschen »Tiefe«, der Wille zur Gerechtigkeit, auch auf dem Gebiete der Religionszwiste sich betätigt. Denn dieser Wille hat es leichter den politischen, künstlerischen, philosophischen Vergangenheiten als den Werten der Ewigkeit gegenüber, deren vermeintliche Gewissheit die Religionsgemeinschaften allezeit hoffärtig, gehässig und blind gemacht hat. Im 19. Jahrhundert war nach dem Sieg der »Aufklärung« über den »Fanatismus« (nach den romantischen Entdeckungsfahrten in die vorher unbegreiflichen Fremden und Fernen, also nach der Erlösung der Geister vom Zweckwahn), Billigkeit und Duldsamkeit gegen Andersgläubige bequemer und minder lebensgefährlich geworden. Schliesslich wurde die »voraussetzungslose Wissenschaft« (das Wort stammt von Mommsen) ein ebenso wahnschaffenes Dogma wie die mittelalterlichen Teufelslehren. Doch Geistern wie Herder, Johannes von Müller, Alexander von Humboldt, Ranke, Burckhardt, Harnack, Eberhard Gothein mussten im 16. und 17. Jahrhundert nicht nur gerechte, sondern verwegene Männer vorarbeiten. Sebastian Franck und Gottfried Arnold ragen unter diesen Vorläufern empor durch Werke tapferer Wahrheitsliebe und erdrückenden Fleisses. Denn solche Wissensmassen wie diese beiden zu schleppen hatten, und zwar nicht nur aus Wissbegier, sondern aus Wahrheitsdrang, nicht nur aus Sammeleifer, sondern um des Heils willen – solche Wissensmassen pflegen meistens den Mut zu lähmen wie den Tatendrang die Gerechtigkeit. Arnold ist ein viel gewissenhafterer Gelehrter als Franck, schon dank den fünf Menschenaltern Sammelarbeit, die zwischen beiden lagen. Dafür hat er etwas von der stürmischen

Frische seines Vorgängers eingebüsst, und als Schriftsteller leidet er an der Mast und der Dürre seines Jahrhunderts, so daß wir seine Seelenzüge aus der modischen Tracht mühsamer herauslesen müssen. Doch erkennen wir dann einen herzlich reinen, einsichtigen und selbst in seiner Zeit ungeheuer gelehrten Mann, wert, von Goethe gelesen und gelobt zu werden. In seiner Jugend hat Goethe in der Luft der »schönen Seele«, Susanne von Klettenberg, und unter Herders Erweckungen Arnolds »Ketzerhistorie« gern durchblättert und noch als alter Mann seiner gedacht.

Wie so viele deutsche Mystiker und Quietisten stammt Gottfried Arnold aus dem deutschen Südosten, dem Lande der gottergebenen Gelassenheit und der betrachtsamen Milde, dem Land Jakob Böhmes und Martin Opitzens. Er ist in Annaberg geboren, ging nach den heimatlichen Schuljahren an das Gymnasium in Gera, dann nach Wittenberg, wo er promovierte, Philosoph, Sprachforscher, Theologe. Als Hauslehrer in Dresden lernte er Philipp Jacob Spener, den Gründer des »Pietismus«, des dogmenlässigeren Gemüts-christentums kennen. Arnold ward einer seiner treuesten Anhänger. Als Hauslehrer kam er noch nach Quedlinburg und wurde dann Geschichtsprofessor in Giessen, zog sich aber um der reineren Beschauung willen von der Universität zurück und ward später Prediger in Allstedt (Sachsen-Eisenach), Werben (Altmark) und Perleberg (Prignitz). Die Erfahrungen seines verehrten Lehrers Spener mit der Lutheranischen Ortodoxie haben wahrscheinlich seinen Plan gereift, in der gesamten Kirchengeschichte, die er kannte und durchforschte, den Kampf zwischen den mächtigen Buchstabensassen und den Schwarmgeistern, Einzelchristen, Gottesrufhörigen, Erleuchteten und Beschatteten darzustellen zu Gunsten urchristlichen Brüdertums. An den Lehrwert von Bildgebungen glaubte er wie alle Opitzianer, an die Wandelbarkeit des Menschengemüts durch Beispiele. Seine Ketzerhistorie ist riesenhafter Traktat, der sich warnender und erhebender Muster aus einem verworrenen Bereiche bedient, um den Verfolgungsgeist zu dämpfen, die christliche Bruderliebe zu fördern.

Arnolds eigentliche Arbeit ist zunächst nicht in der Theologie selbst fortgeführt worden, sondern in der Profanhistorie, und nicht in Deutschland (wenigstens nicht in diesem Umfange und in dieser Gattung), sondern mit dem meisten Erfolg von den französischen Aufklärern, besonders von Voltaire durch seinen »Essai sur les Moeurs«.

Selbstverständlich kannte Voltaire Arnold nicht, schon wegen der Sprache, und hatte auch weniger den Willen, alte Ketzereien zu rechtfertigen als vielmehr jede Art Fanatismus zu erledigen. Doch Voltaires hellster deutscher Nutzniesser, Gegner, Überwinder – Lessing – kannte ihn und wandelte auf seinen Spuren mit seinem »Berengarius Turonensis« und mit seinem »Anti-Goeze«, ja vielleicht selbst mit seinem »Nathan«. Sein Schüler oder Jünger war er nicht. Dagegen ist die ganze deutsche Kirchengeschichte, auch die orthodoxe des 18. Jahrhunderts (Semler, Mosheim), undenkbar ohne die Rodearbeit Arnolds. Freilich hat schon Leibniz mit Unmut – er der Mathematiker, Naturforscher und Erkenntnisdiplomat höchsten Ranges – in Arnolds Ketzerhistorie ein Werk erkannt, dem nicht der Erkenntnisdrang schlechthin zugrunde liege, sondern die Christenliebe. Aus seiner noch frischen Aufklärung heraus, aus seinem Verlangen, endlich einmal mathematisch-spekulativ durch alle Dogmatismen, also auch durch alle Antidogmatismen hindurch in den Gottgrund zu kommen, konnte ihn ein Mann, der den Teufel Pfäfferei mit dem Beelzebub Schwärmerei austrieb, nicht befriedigen. Er zog ihm einen eindeutig strengen Lutheraner, wie Veit von Seckendorff, den ersten Lutheranischen Kirchenhistoriker, als einen aktenmässig gewissenhafteren und tatsachengetreueren Forscher vor – abgesehen davon, daß er die Staats- und Hofluft um den Kanzler herum lieber atmete als den Konventikelmüffz um Arnold. Wir aber, denen die Aufklärung selbstverständlich nicht mehr eine schutzbedürftige Entdeckung ist wie dem Leibniz, betrachten Arnolds Ketzerhistorie von den Ketzerverbrennungen, von Luther und Loyola aus, nicht von Leibniz, Voltaire und Lessing aus. Und da hat er ein ehrwürdiges Gesicht. Wahrheit, in dem Sinn wie mathematische Berechnungen oder naturwissenschaftliche Versuche, können geschichtliche Deutungen nicht beanspruchen, und Leibniz wollte alle Wissenschaft möglichst nah an die Mathematik heranrücken, auch die historische. Archivarische Dokumente schienen ihm bis tief in die Kirchenhistorie hinein verlässlicher, zahlennäher als Berufungen auf Gottessätze, oder gar auf innere Stimmen. Was Seckendorff schrieb, war der juristischen Herkunft nach weniger eine Geschichte der Meinungen als eine Geschichte der Einrichtungen protestantischer Kirchen. Die Meinungen beschäftigten ihn nur, soweit sie der Begründung (im doppelten Sinn: Erklärung und Festlegung) der Macht- und Lehrbefugnisse des Luthertums, seiner Folger und Gegner, dienten. Arnold hin-

gegen kümmerte sich hauptsächlich um die manchmal dogmatisch fest-
gelegte, manchmal nur erschliessbare Sinnesart der Gläubigen, um ihre
Richtung zu Gott, um ihre Erweckung oder Verdüsterung aus Gott.
Das sind alles Dinge, die sich der strengen Wissenschaft, dem mathema-
tischen und dem juristischen Sinn Leibnizens entzogen und ihn anmu-
teten wie eine Sprache, deren Vokabeln er nur ungefähr verstand. Seine
Allwissheit ärgerte sich daran. Wir heute aber begrüssen das erste Glin-
stern des Lichtes, dem wir die deutsche Humanität danken, auch wenn
uns Arnolds Erleuchtungen qualmig genug vorkommen, auch wenn
seine Milde sich gelegentlich selbstgerecht ausnimmt und seine Schreibweise die Schäden sektiererischen Gefrömmels, salbungsvoller Empfindsamkeit, mit den Schäden der vor-Lessingischen deutschen Aufklärung, gravitätischer Schulmeisterei, verbindet.

Arnold meinte es ernst mit dem religiösen Frieden, und das Beiwort
›unparteiisch‹ ist ehrlich. Sein Kampf ging gegen die tyrannischen
Schulhäupter, zumal gegen Calvin, von dem er gern gehässige Anekdoten erzählt. Seine »Ketzerhistorie« ist ein catalogue raisonné der Lehr-
meinungen. Er führt die Büchertitel und Hauptlehrsätze der Ketzer,
die Gegenwirkungen und Verfolgungen an, manchmal mit, manchmal
ohne eigene Erläuterungen. So hält sein Werk die Mitte zwischen einem
Lexikon und einem Traktat mit kurzen Urteilen... von den grossen
Nachschlagewerken seines Jahrhunderts, Zedler und dergleichen, weniger durch die Gattung unterschieden als durch die Seltenheit der
Werke, die er aufzählt, und deren gründlichere Kenntnis. Denn soviel
er auch die Meinungen der Berufs-Polyhistoren, Morhofs zum Beispiel, oder der jeweiligen Widersacher anführt, schon zum Beleg seines
eigenen Fleisses – gelesen hat er alles Erreichbare: die Ketzerschriften
selbst, die Gegenschriften und die Lebensnachrichten. Vollständigkeit
war dabei unmöglich in Anbetracht einer theologischen Literatur von
mehr als eineinhalb Jahrtausenden, und Leibnizens Rügen waren leicht.
Freilich, ein lesbares, nicht nur nachschlagbares Geschichtswerk
konnte bei diesem Verfahren nicht gedeihen. Eine Entwicklung der
verschiedenen Ketzereien gibt Arnold nicht, nur ein Nacheinander. Er
hätte das Material gerade so gut alphabetisch anordnen können wie die
französischen Enzyklopädisten Voltaire, d'Alembert und Diderot.
Dann wären wenigstens einzelne Aufsätze, als solche geistige Bilder,
Essays, entstanden, falls ihm die Form auch nur halbwegs so im Sinn
gelegen hätte wie der Stoff. Wie bei den bisher erörterten Vorläuferwer-

ken beruht Arnolds Historiker-verdienst aus Gaben und Taten, die als Anspruch und Wert in seinem Buch sich rühren mussten, damit deutsche Geschichtsschreibung sich vollende. Wirksam erscheinen lässt er sie noch nicht. Nochmals: erstens der Wille der Gerechtigkeit, zweitens der Wille zur Genauigkeit, drittens Ansätze undogmatischer Kritik. Die lexikalisch-chronologische Anlage von Arnolds Ketzerhistorie tat ihr formal Abtrag, doch ist sie über die blossen Namen-Sammelsuria hinaus verheissend, weil ein einheitlicher Glaube – wie auch immer »trübend« oder »beschränkend« – sie zusammenhält und nicht bloß eine Amtspflicht oder eine Sammlerschrulle. Ein grosser Geschichtsschreiber ist Arnold nicht, überhaupt kein Geschichtsschreiber, aber ein Mitzüchter und -erzieher des geschichtlichen Sinns.

Der geistige Zusammenhang, den Gottfried Arnolds Ketzerhistorie vermissen lässt, ist in Veit Ludwig von Seckendorffs »Deutschem Fürstenstaat«[102] durchgehalten. Doch gehört das Werk nicht zur eigentlichen Geschichtsschreibung, sondern zum Staatsrecht, trotz der historischen Exkurse. Seine Geschichte des Lutheranismus[103] ist – lateinisch geschrieben – für die deutsche Literaturgeschichte ohne Belang. Als Jurist und Theolog, nicht als deutscher Geschichtsschreiber hat er sein Werk unternommen und nur von dieser Seite seinen gefeierten Vorgänger, Sleidanus, ergänzen wollen. Die äusseren Anlässe – das Jesuitenbuch von Louis Maimbourg, die »Histoire du Luthéranisme«,[104] sowie Sforza Pallavicinos »Istoria del Concilio di Trento«[105] und Antoine Varillas' »Histoire des Révolutions arrivées dans l'Europe en matière de Religion«[106] – machten ohnehin das Werk zu einer Streitschrift. In der Geschichte der Gelehrsamkeit, in der Theologie behält Seckendorff jedenfalls seinen Ruhm.

Die Geschichte des Protestantismus hat übrigens seit Sleidan mehrere Gelehrte hohen Rangs beschäftigt. Einer davon ist ein Stilist von europäischem Ruf und sein Werk vielleicht der geistig gefährlichste Angriff, den der Protestantismus bis auf die Romantik überhaupt erfahren hat, viel grossartiger und eindrucksvoller geschrieben als die erwähnten Jesuitenwerke: es ist die »Histoire des Variations des Eglises Protestantes« von Bossuet.[107] Die Grundabsicht dieses französischen Kirchenvaters (so nannte ihn La Bruyère) war, die Wandelbarkeit, die unablässige Streit- und Deutelsucht der protestantischen Sekten als Beweis ihrer inneren Unsicherheit und Unwahrheit darzutun gegenüber der Dauer und Stete der katholischen Kirche. Der Platonische Grundkampf vom Wesen gegen den Schein, vom Sein gegen das Werden, damals noch – das heisst vor Herder – ein unangefochtener Glaube, ließ sich allerdings immer wieder gegen den Protestantismus wenden, solange man bestimmte Dogmen, Bräuche, Institutionen der Kirche wörtlich und sichtlich festhielt, ohne den geheimen Sinnwandel von Augustin zu Thomas von Aquin, von Thomas zu Loyola, von Loyola zu Pascal oder Bossuet selbst wahrzunehmen, die Zeichenumkehr von den Aposteln zu den Päpsten. Wandel galt allen vor-Herderischen Geistern als Vergängnis, Vergängnis als Irrtum. Erst Herder und, gewaltiger noch, Goethe vermochten Gott als Werdenden ewig zu schauen, oder – um mit Goethe zu reden – das menschliche Drängen und Ringen in Gott hinein als die ewige Ruh zu erkennen, aus Gott heraus menschlichen Stillstand als Verstocktheit und Taubheit gegen Gott zu überwinden. Luther selbst ahnte die Gefahr der katholischen Einwände von dieser Seite her und hielt auch deshalb mit grimmigem Eifer an der Bibel fest: »das Wort sie sollen lassen stan«, »ein' feste Burg ist unser Gott«. Sein Kampf gegen die Bauern, den man nicht nur, was meist geschieht, als einen sozialen Makel und als eine subalterne Obrigkeitsfurcht deuten darf (was er sicher *auch* ist), hat seinen Glaubensgrund zunächst in dem Abscheu vor den Schwarmgeistern als den unaufhaltsamen und unhaftbaren Neuerern. Luther blieb katholisch genug, um göttliche Dauer zu ersehnen, und er befehdete die Kirche ja gerade als das Teufelswerk trügerischer Einsetzungen, wahnschaffener, hinfälliger Priesterei. Doch das beiseit.

Bossuets »Histoire des Variations« ist als Reformationsgeschichte – obwohl Parteischrift, wie das vor Herder jede Kirchengeschichte sein musste – dank seiner zielsicheren, gesammelten und geordneten Gelahrtheit aus allen Kirchenvätern, Konzilien, Reichstagen und Religionsgesprächen der Protestanten und dank seiner Ciceronianisch prachtvollen Redekunst ein Meisterwerk von Verstand und Geschmack, wenn schon nicht von Vernunft und Wissenschaft. Es wird in Frankreich nicht so einmütig gefeiert wie sein »Discours sur l'Histoire Universelle«,[108] seine Weltgeschichte für den Nachfolger Ludwigs XIV., dessen Erzieher Bossuet war. Der Discours ist ein meisterlich geschriebenes Schulbuch für die reifere Jugend, dessen Kult man nur mitmachen kann, wenn man das ›bien écrire‹ mit derselben fetischistischen Andacht von vokabel- und kadenztreuen Zauberlehrlingen bestaunt wie der denkträge Durchschnittsfranzos. Doch hören auch freie und helle Geister wie Voltaire oder Anatole France solche Werke, wie wir Musik von Bach oder Händel, nicht auf Ansichten, Einsichten, Absichten hin, sondern als Zauber. So feiert die ganze romanische Welt noch heute den Cicero, den grandiosen Musikus der lateinischen Sprache, und stösst sich nicht an seiner von Mommsen kaum übertriebenen moralischen Schwäche und philosophischen Dürre, wie wir uns ja auch Bravour-arien von Tenören oder anderen Virtuosen nicht verleiden lassen durch deren etwaige private Dummheiten. Nun, Bossuets Discours könnte von einem sehr viel ärmeren Geist gesungen sein als Bossuet war. Seine Condé-rede zeigt eine gewisse Grossartigkeit auch des Sinns, eine Anmut des Herzens sogar, die auch einem Deutschen oder Engländer einigermassen verständlich macht, wie eine gescheite Nation überhaupt dazu kommen kann, ihren ersten Redner neben den grossen Schöpfergenien der Welt auch nur zu nennen, neben Dante, Shakespeare, Goethe, ja auch nur neben Voltaire. Doch seine »Histoire des Variations« zeigt einen schlechthin herrscherlichen, mindestens hierarchischen Verstand, eine gelehrte Fassungs- und Spannkraft und eine Beredsamkeit, die nicht nur wie die seiner wichtigsten Nachfahren – Chateaubriand, Lamartine und des Prosaiten Hugo – aus der hemmungslosen und von Gedanken kaum beschwerten Wollust an der Schallweite der eignen Stimme, am Aus- und Widerdröhnen von edeldummem Donnern oder von schwelgerischen Rührungen kommt, sondern aus festem, selbstsicher beschränktem Nachsinnen über den viel umfassenden Gegenstand, aus kundiger Witterung seines Publikums und aus der ungezwungenen Hoheit eines durch und durch gebildeten Kirchenfürsten.

Chateaubriand und Lamartine waren bereits eitle Literaten, gereizt und verwirrt durch die Napoleonischen Gewitter, ohne festen Blick und Raum, und – bei unübersichtlicheren Wissensfeldern, ausgetreteneren und schmutzigeren Gefühlswegen, flattrigerem Publikum – wenn nicht talentloser, so doch sehr viel dümmer als Bossuet. Ich erwähne ihn hier, weil sich von ihm die Trostlosigkeit unseres Barockschrifttums besonders grell abhebt, und weil er Aufgaben gelöst hat, die Seckendorff, Arnold, Mosheim trüb vorschummerten. Alle drei hatten vor ihm – trotz Sektiererei und Theologie – einen reineren Wahrheitseifer voraus, kurz, echteren Wissenschaftssinn. Was sie zustande brachten, sind achtbare Wälzer für Fachleute und Bibliotheken, ohne Macht in der deutschen Bildung, obwohl einzelne Leser den und jenen Stoffbrocken und Meinungswink draus entnahmen. Bossuets Parteischrift kann auch der Laie heute noch mitbeschwingt lesen, selbst wenn ihn die Fakten gar nicht interessieren, und für die Franzosen währt das inhaltlich tausendfach überholte Buch als hohes Sprachdenkmal, wie des Tacitus gründlich falsche Historien und Annalen. Das lehrt uns nachdenken über den Unterschied zwischen Geschichts*forschung* und Geschichts*schreibung*, zwischen Kenntnis und Kunst.

XIII

Winckelmann

Das deutsche 18. Jahrhundert erhob erst mit Winckelmann (1717 bis 1768) die Geschichtskunde zur Geschichtskündung. Winckelmanns Gönner, Bünau, wusste zwar schon etwas davon, ja sogar Mascov, wie ihre Vorreden zeigen. Doch erst der arme Schustersohn aus Stendal vollbrachte als schöpferischer Genius die Zauberei, die den gelehrten und hohen Herren mit allen Verdiensten, Tugenden und Mühen versagt war.

Winckelmann hat das Glück gehabt, daß sein Bild von zwei Meistern vermittelt wurde: in einer Deutung seines Schaffens von Goethe, dem Vollender und Verherrlicher des humanen Griechenbildes,[109] und in einer genauen, geistdurchdrungenen, sachenhaltigen Biographie von Carl Justi, einer der besten, die wir haben.[110] Es ist kein Zufall, daß gerade Winckelmann, der seine Jugend im Elend begann und einem greulichen Mord zum Opfer fiel, solche Bewahrer gefunden hat. Er ist in der deutschen Literatur ein Wunder: ein herrlicher Aufbruch, voll mythischer Sehnsuchtsgesichte, erweckter Erwecker aus der dringlichsten Notdurft, heimgesucht von entrückten Gestalten. Wir haben nur ein verwandtes Beispiel, das ist Hölderlin. Beide wirken weniger durch gelehrte Funde als durch einen Glauben, der ihnen aus der eignen rätselhaften Herzensfülle aufging: dem einen als einem Seher, dem andern als einem Betrachter. Beide vollzogen die heilige Hochzeit zwischen christlich-deutschem Geist und heidnisch-hellenischem Leben unter Schaffensbedingungen, die eine Vereinigung der beiden Weltkräfte auszuschliessen schienen.

Alle anderen grossen Erneuerungen antiker Haltung sind von vornherein – das Geheimnis des Genius immer vorausgesetzt – leichter, wahrscheinlicher, zugänglicher gewesen. Ich spreche hier nur von Männern, denen nicht bloß klassizistische Rede, Gebärden, Gesinnungen und Tendenzen – Anleihen aus dem Überlieferungsschatz der Vorwelt – nachzuweisen sind wie den Mitgliedern der Kirche, der romanischen Nationen und der Renaissanceliteratur oder -kunst, sondern von solchen, in denen die Antike Leib, Geist und Wort wurde. Die Lebensmittler der Antike, über die blosse Kenntnis des klassischen Erbes hinaus, waren in ununterbrochener Folge seit der Völkerwanderung – wenn auch oft verschüttet, getrübt, versprengt und gebrochen – die Bewohner des Römischen Reichs, dessen Schrift-, Staats- und Baudenkmale über seine Grenzen hinausreichten als ungedeutete Zeichen und als verborgene Zeugung. Wiedergeburten der Kräfte (nicht nur Hüter und Erklärer der Trümmer) aus einem neuen Geistesschoß sind zunächst die grossen Kaiser des Mittelalters, Karl und Friedrich II., vielleicht schon Barbarossa. Nicht die blosse Herrschergrösse der Ottonen, der Salier und der Päpste – Gregors VII., Alexanders III., Innozenz' III. – erst recht nicht die Herrlichkeit und das Verhängnis Theoderichs und Alarichs gehören hierher: das sind gewaltige Menschen, derengleichen es immer und überall gegeben hat, auch ohne römisch-griechische Bestrahlung oder Erleuchtung. In Karl dämmert, im zweiten Stauferfriedrich glänzt das echte Caesarentum wieder auf durch alle germanische und orientalische Erbschaft hindurch. Das ist kein jähes Auftauchen versunkenen Menschtums, sondern die durch natürliche Genialität rascher gereifte Frucht römischer Saaten. Der dunkle Grund wird in solchen Menschen sichtbares Gewächs – auch da wunderbar genug wie jede Zeugung, doch beinahe zu erwarten wie jede Geburt. Daß weltgeschichtliche Erschütterungen welcher Art auch immer, unerträgliche Nöte welcher Art auch immer, schliesslich einen Herrn oder Heiland, Helden und Helfer aus ihrem eigenen Stoff und Wirbel emportreiben, das nehmen wir hin als naturische Schickung. Erfüller- und Erlöserreligionen aller Zeiten antworten dieser menschlichen Frage. In der neueren Zeit hat Napoleon die römische Erbmasse des südlichen Europa noch einmal personifiziert, auch sein Erscheinen beinahe berechenbar (Wieland weissagte ihn, ehe man von ihm wusste). Doch war er mehr ein Wunder durch sein So-sein als durch sein Dasein. Dasselbe gilt von dem deutschen Gesamtmann, der, im Rheingebiet erwachsen, das Altertum leibhaft eindeutschte, und ebenso sind dem grossen deutschen Dichter unsrer Tage das Römererbe und das Griechenideal, Katholizismus und Humanismus so gemäß eingeboren und angeflogen, daß man sein Werk als eine Folge deuten mag.

Doch wie den armen Schusterbuben aus der Altmark und den armen Klosterhofmeisters-buben aus Lauffen der hellenische Schwung und Feuereifer ergriff, gegen alle Umgebungen, Erziehungen, Pflichten, das bleibt ein »Geheimnis des Übergangs«. Denn immer wieder: nicht ein tieferes Verstehen von Büchern oder Bildwerken, von antiken Klassikern, von Gipsabgüssen, Münzen oder Kameen, nicht eine regere Empfindsamkeit für Kunstwerte, nicht ein nachdrücklicheres Eingehen in den Sprachgeist kennzeichnet das deutsche Griechentum Winckelmanns und Hölderlins. Die Philologen des Hochbarock, die Scaliger, Casaubonus, Salmasius, Gruter, Lipsius, Barth und wie sie alle heissen, Friedrich August Wolf und sogar die sensibleren Romantiker, Wilhelm von Humboldt und Creuzer oder in unsern Tagen Wilamowitz hatten eine unvergleichlich grössere Kenntnis hellenischer Dinge und haben doch mit hellenischem Geist viel weniger zu tun. In denselben Bereich des redlichen Mühens und sogar einer gewaltigen Kraft, ohne Verwandtschaft, gehört Schillers »Braut von Messina«, ähnlich wie im 16. Jahrhundert das Pindarisieren der französischen Pléiade. Gewiß, auch Winckelmanns und Hölderlins, auch Goethes, Nietzsches und Georges, geschweige Platens Griechenbilder oder Griechenspiele sind keine Wiederholungen oder gar wissenschaftliche Herstellungen der antiken Sachbestände, keinerlei Repristinationen (das gibt es Gott sei Dank nicht). Was sie geleistet, ist ein völlig Neues: eben die Zeugung eines griechisch-deutschen Geschöpfs, die Verbindung – nur gleichnisweise lässt sich davon reden – von deutschem Geistesverlangen und antiker Lebensfülle, germanischer Erscheinungsflucht und hellenischer Erscheinungssicht, dem Grauen vor der gestaltenlöschenden Vergängnis und dem Vertrauen in den erscheinungsbannenden Augenblick, von Nu und Ewigkeit. Dazu bedurften sie, im Gegensatz zu den berühmten Philologen, einer Gesamterschütterung ihres Wesens vom hellsten Denken bis zum dunkelsten Trieb, die sie empfänglich und überschwenglich machte bei der Begegnung mit den schönen Resten. Was ihnen an vergnügter Kritik abging, das ersetzten sie überreich durch einen schöpferischen Glauben, und darum sind noch ihre Irrtümer – wenn man Iphigenie, Empedokles, Geburt der Tragödie, Kunst des Altertums so nennen will – unvergleichlich fruchtbarer als Friedrich August Wolfs Homer oder gar Wilamowitzens Platon und Pindar, das griechenfremde Geschwätz eines genialen Philologen. Wenn nach Goethes Wort wahr ist, was fruchtbar ist, dann bleibt Winckelmanns in jeder Einzelheit überholtes Werk, eben als Glaubenswerk, wahrer als die gesamten Errungenschaften der Textkritik. Das heisst nicht, daß diese überflüssig oder wertlos sei – Winckelmann hätte sich nicht ihrer entschlagen mögen – und wer sich auf seine Intuition beruft, der hat meistens keine. Es heisst nur, daß Geschichtsschreibung solcher Art einen viel umfassenderen Kräftebereich fordert als die selbstgenugsame Forschung ahnt. Wer nichts ist als ein guter Kritiker, der ist nicht einmal das.

Wer nach einer Erklärung des Geheimnisses sucht, der mag die ersten Schuleindrücke, die den bildsamen Knaben mitten im Elend prägen halfen, verantwortlich machen. Das Graue Kloster in Stendal, wohin sein Vater den unheimlich wissgierigen und bücherwütigen Johann Joachim schickte, in der Hoffnung, einen Geistlichen aus ihm zu machen, war eine der ersten deutschen Schulen, worin Griechisch getrieben wurde. Sein Rektor, Esaias Wilhelm Tappert, machte ihn zu seinem Amanuensis. Dieser Mann beseitigte die Alleinherrschaft des Lateins und sprach deutsch mit seinen Schülern, der pommerischen Kirchenordnung zuwider, welche diese Freiheit für »leichtfertig, ärgerlich und schädlich« erklärte. Ob dieser matte Funke vom Lehrer auf den Schüler übersprang und ihn zum ersten griechensichtigen und deutschredigen Gelehrten seines Jahrhunderts entflammte, das bleibe offen. Für alle biographischen Ereignisse und Bedingungen Winckelmanns verweise ich auf Justis Buch, da ich es weder besser weiß noch eindrucksvoller sagen kann und die Kenntnis dieses Buchs ohnehin Bildungspflicht ist. Ich fasse nur kurz einige Ausführungen daraus zusammen, soweit sie unsere Aufgabe erleichtern, das Erwachen und das Wachstum von Winckelmanns Geschichtsschreibung zu fassen (seinen Genius immer vorausgesetzt).

Cicero – weitaus der meistgelesene Autor des Lateinunterrichts im Grauen Kloster und der eigentliche Redeführer in einem Bildungsnest Melanchthonischer Herkunft, worin das Deutsch, wenn schon nicht mehr verfemt, doch nur ein Notbehelf, und das Griechisch nur als Bibelsprache gelitten war – wird uns als Winckelmanns Muster geschildert, allerdings in einem von Winckelmann selbst verworfenen Bericht aus dem Jahr 1765. In »ciceronianischen Blumen« habe er es ebenso wie in Griechisch und Hebräisch seinen Mitschülern vorgetan. Dagegen habe er in den Theologiestunden nicht aufgepasst, sondern heimlich alte Autoren exzerpiert. Der Sinn für Rede war eine seiner Grundanlagen. Daneben schwang früh seine archäologische Fiber. Er grub mit seinen Mitschülern im Sand vor Stendal nach alten Urnen. Siebzehnjährig kam er nach Berlin, das unter dem Vater des Alten Fritz zwar keine

Bildungsstätte war, aber aus den Zeiten Friedrichs I., eines Louis Quatorze-Affen, noch zwei Akademien durchschleppte. Die Vorträge über Geometrie, Perspektive, Baukunst und Anatomie hörte Winckelmann. Das Köllnische Gymnasium verlängerte und erweiterte die philologisch-rhetorische Bildung, deren Grund er in Stendal gelegt. Er fand Zugang zur Königlichen Bibliothek, und er selbst rühmt den Unterricht von Konrektor Damm, einem Übersetzer Ciceros und Verfechter eines reineren Deutsch. Die preussische Kenntnis des Griechischen lag im Argen, als Damm verkündete, man müsse die Griechen nachahmen: nur ihre Schriften zeigten »die alte natürliche Religion und Gewissenhaftigkeit, die ersten Fussstapfen der Weisheit, der Sittenlehre und der Staatsklugheit«. In ihnen rede die Natur »hell und einfältig«, und – sehr wichtig für Winckelmann – ihre Sprache stehe der deutschen näher als das Latein. Den Homer und Pindar übersetzte er, nicht als Schulmuster für Schulmeister, sondern als Vorbild für Weltleute, die er sich freilich noch allzu sehr nach französischem Muster vorstellte, das heisst als geistreiche Allegoriker und Moralisten. Damm brachte Winckelmann von dem Ciceronianismus ab, vielleicht auch verstärkte er Winckelmanns Theologiekälte: er war ein Freund Nicolais und hatte als Wunderleugner manches zu leiden. Neunzehnjährig kam Winckelmann an die Schule zu Salzwedel, um seine griechische Wissenschaft zu erweitern unter fratzenhaften Pedanten. Trotz seiner Armut beschaffte er sich aus Hamburg, wo die Bibliothek des Professors Fabricius versteigert wurde, Ausgaben der Griechen und Römer. Für griechischen Druck hatte er eine ästhetisch-fetischistische Leidenschaft.

[Hier bricht das Manuskript ab.]

Anmerkungen

1 Valerius Anshelm's, genannt Rüd, Berner-Chronik, von Anfang der Stadt Bern bis 1526. Herausgegeben von E. Stierlin und I. R. Wyß. Bern 1825–1833.

2 Die uralt warhafftig Alpisch Rhetia... durch den... herr Gilg Tschudi... Basel 1538.

3 A. a. O. Bl. 58 r.

4 Haupt-Schlüssel zu verschidenen Alterthumen. Oder... Beschreibung von dem Ursprung... Galliae Comatae... geschriben durch... Tschudi... herausgegeben... von Johann Jacob Gallati. Constantz 1758.

5 Aegidii Tschudii... Chronicon Helveticum... herausgegeben... von Johann Rudolph Iselin. Basel 1734–1736.

6 Hußitenkrieg... zum nötigen bericht... verfertiget. Durch M. Zachariam Theobaldum den Jüngeren. Wittenberg 1609.

7 A. a. O. S. 141.

8 Johann Adolfi's genannt Neocorus Chronik des Landes Dithmarschen. Herausgegeben von F. C. Dahlmann. Kiel 1827.

9 Pomeriana... beschrieben durch Thomas Kantzow... herausgegeben von H. G. L. Kosegarten. Greifswald 1816. I. Band, S. 177.

10 A. a. O. S. 163 f.

11 Chronica der Freyen Reichs Statt Speyr... zusammen getragen Durch Christophorum Lehmann. Franckfurt a. Mayn 1612.

12 Florilegium Politicum. Politischer Blumengarten... Durch Christophorum Lehmann. (Frankfurt a. M.?) 1630.

13 Deutsche Literatur in der Reformationszeit (unveröffentlicht).

14 Johannes Turmair's genannt Aventinus Bayerische Chronik. Herausgegeben von Matthias Lexer. München 1883–1886.

15 Goethe, Zur Farbenlehre, II. Band, 3. Abteilung, Überliefertes.

16 Strassburg 1531.

17 Tübingen 1534.

18 (Frankfurt a. M.?) 1538.

19 Karl Hagen, Deutschlands literarische und religiöse Verhältnisse im Reformationszeitalter. Band III. Erlangen 1844.

20 Basel 1544.

21 Basel 1550.

22 A. a. O. Bl. 1 r.

23 A. a. O. Bl. 1 v.

24 A. a. O. Bl. 4 v.

25 A. a. O. S. 631 (ed. 1628).

26 A. a. O. S. 269 (ed. 1628).
27 A. a. O. S. 1301 (ed. 1628).
28 Köln 1609.
29 A. a. O. S. 430.
30 A. a. O. S. 6.
31 1657.
32 1682.
33 1629.
34 Zween Kriegsdiscurs des Brancatii... Frankfurt 1620.
35 C. Julii Caesaris Commentaria... In Militärische Erinnerungen und Regeln gefasst... Jena 1637.
36 Frankfurt 1682.
37 Stettin 1648.
38 Stockholm 1653.
39 1640.
40 Bern 1626.
41 Zürich 1692.
42 Sechs Bücher vom alten Pommerlande. Stettin 1640.
43 Nürnberg 1668.
44 Die Fried-erfreute Teutonie. Eine Geschichtsschrifft von dem Teutschen Friedensvergleich... von Sigismundo Betulio. Nürnberg 1652.
45 A. a. O. S. 89.
46 Frankfurt 1629.
47 Allgemeine Schau-bühne der Welt, Oder: Beschreibung der vornehmsten Welt-Geschichte... Von einem Mit-Glied des Collegii Imperialis Historici. Frankfurt 1699.
48 Rostock 1633.
49 Frankfurt 1650.
50 Nürnberg 1654.
51 Frankfurt 1665.
52 Frankfurt 1617.
53 Strassburg 1626.
54 A. a. O. S. 238 (ed. 1628).
55 Nürnberg 1690.
56 Nürnberg 1665.
57 Frankfurt 1672.
58 Nürnberg 1669.
59 Historischer Extract... vom Magdeburgischen Unglück, welches Herr Daniel Frisius... hinterlassen, aufgesetzet von seinem Sohne, M. Friderico Frisio. Abgedruckt in Friedrich Friese (i. e. Enkel), Leichte historische Fragen, Band III. Leipzig u. Hamburg 1703.
60 Rorschach 1606.
61 A. a. O. Bl. 2 v.
62 A. a. O. S. 210.
63 Konstanz 1603.
64 Heidelberg 1610.

65 A.a.O.S.6.

66 A.a.O.S.389.

67 Frankfurt 1747.

68 Laugingen 1582–1583.

69 A.a.O. Bl. 5 v f.

70 Fr. Caron's und Jod. Schouten's Wahrhaftige Beschreibungen zweyer mächtigen Königreiche Jappan und Siam... Denen noch beygefüget Jacob Merckleins Ost-Indianische Reise... Nürnberg 1663.

71 A.a.O.S.399.

72 A.a.O.S.482ff.

73 Dresden 1692.

74 A.a.O.S.24.

75 A.a.O.S.29.

76 A.a.O.S.31.

77 A.a.O. Bl. 3 r.

78 A.a.O.S.1.

79 Offt begehrte Beschreibung der newen orientalischen Reise... worinnen... Russland, Tartarien und Persien... beschrieben... durch M. Adamum Olearium... Schlesswig 1647. In späteren Auflagen mehrfach erweitert.

80 A.a.O.S.588 (ed. 1656).

81 Offt begehrte Beschreibung Item ein Schreiben des... Johan Albrecht von Mandelslo worinnen dessen Ostindianische Reise... enthalten... durch M. Adamum Olearium... Schlesswig 1647.

82 A.a.O. Bl. 4 r (ed. 1658).

83 A.a.O. Bl. 5 r (ed. 1658).

84 A.a.O. Bl. 5 v (Ed. 1658).

85 A.a.O. 1. Buch, 32. Kap. S. 100 (ed. 1658).

86 A.a.O. 2. Buch, 2. Kap. S. 122 (ed. 1658).

87 A.a.O.S.122.

88 Schleswig 1669 (hier zitiert nach ed. 1696).

89 A.a.O. Bl. 2 v (ed. 1696).

90 A.a.O. Bl. 3 r (ed. 1696).

91 A.a.O.S.11 (ed. 1696).

92 A.a.O. IV. Buch, 1. Kap. S. 141 (ed. 1696).

93 Marienwerder 1694.

94 Seckendorffs Lucan. Heidelberg 1930.

95 Gröben a.a.O. S. 14 f. Vgl. die auf Seite 100 zitierte Vorrede Leonhart Rauwolfs.

96 Leipzig 1726–1737.

97 Leipzig 1728–1743.

98 Probe einer genauen und umständlichen Teutschen Kayser- und Reichs-Historie, Oder Leben und Thaten Friedrich I. Römischen Kaysers. Leipzig 1722.

99 Détail de la présente Guerre oder Umstaendliche Historie des Krieges zwischen den Cronen Franckreich und Engelland und Dero Alliirten in Teutschland. Regenspurg 1763–1767.

100 Deutsche Kayser- und Reichs-Historie. S. 504.
101 Frankfurt 1699–1700.
102 Teutscher Fürstenstat... Durch Veit Ludwig von Seckendorff... Franckfurt am Mayn 1656.
103 Commentarius historicus et apologeticus de Lutheranismo. Francofurt et Lipsiae 1688.
104 Paris 1680.
105 Roma 1656–1657.
106 Paris 1686–1688.
107 Paris 1688.
108 Paris 1681.
109 Winckelmann und sein Jahrhundert. Tübingen 1805.
110 Winckelmann. Sein Leben, seine Werke und seine Zeitgenossen. Leipzig 1866–1872.

Namenregister

Agricola, Johann 35
Alarich 101
Alexander der Große 75
Alexander III., Papst 101
Alting, Johann Heinrich 89
Andersen, Jürgen 77 f.
Anton Ulrich, Herzog von Braun-
    schweig 84
Ariovist 25
Aristoteles 12, 81
Arminius (Hermann der Cherusker)
    31, 53, 83, 84, 85
Arnold, Christof 66
Arnold, Gottfried 92 ff., 98
Athaulf 85
Attila 85
August der Starke 86
Augustin 10, 16, 41, 97
Aurangzib (Oranchzeph), Großmogul
    77
Aventius (Turmair, Johannes) 11, 23,
    24, 36 ff., 43, 45, 53, 85, 105

Bach, Johann Sebastian 98
Balzac 79
Barnim XI., Herzog von Pommern 32
Barth, Caspar von 102
Beauvais, Vincenz von 39
Becker, Karl Friedrich 55
Birken, Sigmund von (Betulius) 54 f.,
    106
Bismarck 17, 27
Böhme, Jakob 17, 93
Böhme, Johannes 37
Bossuet 85, 92, 96 ff.
Brancaccio 106
Brunetto, Latini 39
Bugenhagen 32

Bünau, Graf Heinrich von 83 ff., 86 ff.,
    100
Burckhardt, Jacob 12, 23, 28, 52, 61, 86,
    92

Caesar 10, 17, 19, 25, 27, 34, 49, 57, 59,
    69, 73, 76, 106
Calchum-Lohausen, Wilhelm von 49
Calvin 95
Caron, Fr. 107
Casaubonus 102
Catilina 49
Chateaubriand 45, 98
Chemnitz, Bogislaw Philipp von
    (Hippolythos à Lapide) 51, 53, 54
Chlodwig 89
Christine, Königin von Schweden 51
Cicero 20, 27, 88, 98, 103, 104
Cluver, Philipp 89
Coelius, Rhodiginus 81
Comines, Philippe de 27
Condé, Herzog von Enghien 98
Cranach, Lucas 47
Creuzer, Friedrich 102
Cusanus, Nikolaus 57

Dahlmann, F. Chr. 105
D'Alembert 95
Damm, Chr. T. 104
Dante 17, 28, 38, 98
Diderot 95
Diodor 10, 81
Diogenes Laërtius 65
Draudius, Georgius 56
Dürer 16, 46, 47

Eckhart, Meister 45
Eginhard 19

Nachwort zur Neuausgabe

ULRICH RAULFF

Der Bildungshistoriker Friedrich Gundolf

Raymond Klibansky und
Nicolai Rubinstein
dankbar zugeeignet

Als im Jahr 1938 Friedrich Gundolfs nachgelassenes Fragment *Die Anfänge der deutschen Geschichtsschreibung von Tschudi bis Winckelmann* bei Elsevier in Amsterdam erschien, firmierte als Herausgeber der Philosoph und Kunsthistoriker Edgar Wind. Das Vorwort allerdings sprach von »den Herausgebern« und trug somit dem Umstand Rechnung, daß die treibende Kraft dieser Edition Elisabeth Gundolf gewesen war, während Wind sein Amt erst im letzten Augenblick übernommen und mehr aus Pflichtgefühl denn Überzeugung versehen hatte.[1] Die Witwe des sieben Jahre zuvor verstorbenen Germanisten, jene Frau, die Stefan George nicht als »Schwiegertochter« akzeptiert hatte – und ein Philosoph, der zu einem der wichtigsten Mitarbeiter Aby Warburgs in dessen letzten Lebensjahren geworden war: War etwa die Edition dieses Buchs die Frucht einer späten Verbindung von George-Kreis und Warburgianern? Fünf Jahrzehnte später gab das Titelblatt der *Anfänge* mit seiner verblüffenden Juxtaposition der Namen Gundolf und Wind dem Leser Rätsel auf...

An einem Dezembertag des Jahres 1933 verlassen zwei kleine Dampfer den Hamburger Hafen und nehmen Kurs auf England. Zehntausende wertvoller Bücher bilden ihre Fracht. Eine Gelehrtenbibliothek geht ins Exil. Das kostbare Arbeitsinstrument, das Lebenswerk des Kunsthistorikers Aby Warburg, wird gerettet. Anders als die Bibliothek des Frankfurter Instituts für Sozialforschung entgeht die *Kulturwissenschaftliche Bibliothek Warburg* der Zerschlagung durch die Nazis. Die Geschichte von Flucht und Rettung dieser bedeutendsten humanistischen Bibliothek unseres Jahrhunderts ist mittlerweile bekannt.[2] Weithin unbekannt ist hingegen, daß die Bibliothek Warburg damals nicht allein den Weg in die Emigration antrat. Mit ihr, auf denselben zwei Schiffen, reiste die viel kleinere, aber ebenfalls berühmte Bibliothek Friedrichs Gundolfs.[3]

Befremdlich wie die Vorstellung anfangs wirkt, den um Warburg und sein Erbe versammelten Kreis kritischer Forscher, unter ihnen

Cassirer, Panofsky, Saxl und Wind, mit dem bekanntesten Vertreter Georgeschen Geistes in der Wissenschaft, Friedrich Gundolf, zusammengebracht zu sehen – die Not der Emigration hat noch ganz andere Nähen gezeitigt und erstaunlichere Bündnisse gestiftet. Als unter dem Druck von Zensur, Terror und Vertreibung das alte intellektuelle Feld zusammenbrach, sahen sich nicht selten Repräsentanten extrem entgegengesetzter Lager gleichsam über Nacht zu ungewohnter Solidarität gezwungen. So mochte es auch den Herausgebern von Gundolfs *Anfängen* ergangen sein, mit deren Namen die Ideengeschichte üblicherweise konträre Programme verbindet. Für den Nachgeborenen, der die intellektuelle Landschaft der Weimarer Republik lange Zeit nicht aus erster Hand, sondern nur nach den kurrenten Darstellungen einer Kulturgeschichte kannte, die es liebte, mit sauberem Schnitt die Aufklärer von den Irrationalisten, die Historiker von den Geistersehern und die Anhänger der Republik von deren Verderbern zu scheiden, blieb es dennoch verwunderlich, wenn sich bei näherem Hinsehen eine Anzahl von Querverbindungen und Bekanntschaften, ja Freundschaften zeigten, welche sich dort spannen, wo die Karten intellektuelles Niemandsland verzeichneten. Offenbar hatte die Weimarer Kultur doch ein unvermutet dichtes Röhrennetz besessen, über das auch Stationen kommunizierten, die für antagonistisch galten: so etwa Warburgs »Schule« von Historikern, Philologen und Philosophen in Hamburg und Gundolfs Künstler- und Gelehrtenkreise in Heidelberg, der heimlichen Hauptstadt von Georges »Staat«.

Damit ist nicht gesagt, das Maß gegenseitiger Schätzung sei konstant hoch gewesen. Als im Frühjahr 1929 Frede Warburg den Wunsch äußerte, in Heidelberg zu studieren, schrieb ihr Vater aus Rom an seine Frau: »Ich halte heute noch Göttingen für besser; was in Gundolf Gutes steckt, bekommt sie in besserer Prägung von der K.B.W.«[4] Tatsächlich hatte Warburg nicht nur Gundolf gelesen – sein Exemplar des *Goethe* ist annotiert –; er besaß auch zahlreiche Werke Georges und seines Kreises. Manche davon scheint er mit Zustimmung gelesen zu haben, so Bertrams Nietzsche-Buch, auf dessen letzter Seite er unter dem Datum des 9. September 1918 affirmiert: »Wenn solche Bücher im fünften Kriegsjahr erscheinen, kann Deutschland nicht verlieren.« Doch aus solchen verstreuten Indizien läßt sich weder eine Facette zum geistigen Profil Warburgs noch eine Aussage über Gundolfs und seiner Freunde Ruhm gewinnen. Die persönliche Bekanntschaft, von beiden Seiten erwünscht und durch eine Einladung Warburgs an Gundolf für den 2. November 1929 in Hamburg angebahnt, kam nicht zustande, weil Warburg am 26. Oktober dieses Jahres plötzlich verstarb. Gundolf, der zur Verleihung des Lessingpreises durch die Stadt Hamburg angereist war, wurde jedoch von Fritz Saxl durch Warburgs Bibliothek geführt und im Jahr darauf in die »Geheimnisse des Planetariums«, also in die große, noch von Warburg konzipierte Ausstellung über Sternenglauben und Astronomie, eingeweiht.[5] Gundolf korrespondierte in den letzten zwei Jahren seines Lebens mit Erwin Panofsky und begrüßte dessen Berufung nach Heidelberg, wo Panofsky die Nachfolge von Carl Neumann antreten sollte, was jedoch nicht zustande kam. Besonders dicht aber war der Austausch, den Gundolf über Jahre hinweg mit Ernst Cassirer unterhielt. Cassirer hatte das Schaffen Gundolfs mit großer Anteilnahme verfolgt und erwähnte gelegentlich einzelne seiner Schriften lobend; seine Bewunderung für Goethe stand derjenigen Gundolfs kaum nach, und wie dieser operierte er mit dem Gestalt-Begriff; in seiner Theorie der symbolischen Formen entwickelte er intellektuelle Muster, in denen nicht nur Warburgianer, sondern auch einzelne Georgeaner wie Gundolf die eigenen geistigen Intentionen wiedererkennen konnten. Mit um so größerer Erwartung wird man der Publikation ihres Briefwechsels, die Raymond Klibansky vorbereitet, entgegensehen.

Gewiß hat Klibansky, der beiden Partnern in litteris, Cassirer, wie Gundolf, freundschaftlich verbunden war, die wichtigste Rolle in den Verbindungen zwischen Gundolf und den Warburgianern, zwischen Heidelberg und Hamburg gespielt. Er war es, der nach Gundolfs Tod im Juli 1931 dessen Bibliothek katalogisierte und verpackte; er sorgte dafür, daß Gundolfs Bücher und sein Nachlaß teilhatten an dem »tragischen Transport«[6], der im Dezember 1933 von Hamburg nach London führte. Klibansky sorgte auch dafür, daß die Einleitung der Anfänge ins Englische übersetzt wurde und 1936 in der Festschrift für Ernst Cassirer erschien[7], zwei Jahre vor der Veröffentlichung des deutschen Texts durch Elisabeth Gundolf und Edgar Wind.

So lassen sich wohl, sieht man genauer hin, einzelne Hinweise, biographische Anhaltspunkte dafür finden, daß die deutsche intellektuelle Landschaft um 1930 – dem Zeitpunkt des Entstehens der Anfänge – so zerklüftet nicht war, daß kritische Historiker wie Warburg und antikritische Heldenverehrer wie Gundolf nicht hätten kommunizieren können. Doch inwieweit sind solche sporadischen Andeutungen, sind derart oberflächliche Kontakte wirklich signifikant? Was verraten sie von den tieferen Schichten der politisch-geistigen Kultur in Deutschland? Deuten sie auf einen Mentalitätswandel in Teilen der gelehrten Intelligenz um 1930? Sollte man nicht, statt sich in Spekulationen und schwierig zu generalisierenden Feststellungen zu ergehen, daran festhalten, daß die Verbindungen zwischen einer der fruchtbarsten historischen Schulen, eben jenen mit Warburg verbundenen Erforschern des Bildgedächtnisses der europäischen Menschheit, und einem Antihistoriker und Sänger zeitlos großen Menschentums wie Friedrich Gundolf nur einigen biographischen Zufällen geschuldet sind und sein können? Sollte man nicht, angesichts der Leistungen der wirklich großen Geschichtsforscher des 20. Jahrhunderts, über den »Historiker« Friedrich Gundolf achselzuckend hinweggehen? Was bleibt von den historischen Schriften Friedrich Gundolfs, wenn nicht eine umfängliche Fußnote in der Geschichte des deutschen Irrationalismus?

Lebendige Geschichte

Unter den Geschichtsdenkern des 20. Jahrhunderts – solchen, die nicht qua Amt und Profession die Zeugnisse der Vergangenheit erforschten, sondern als Philosophen, Theologen oder Anthropologen, als Dichter oder Kritiker über die Geschichte nachdachten – überwiegt bei weitem die Zahl derer, die der Geschichte feindlich gesonnen waren. Bei manchen erstreckte sich die Gegnerschaft nur auf die Fortschrittskonzeptionen der Geschichte, vielen jedoch erschien der historische Sinn schlechthin als gefährlichstes Gift des menschlichen Geistes und die Geschichte als Alptraum, aus dem sie zu erwachen suchten. Die literarische, aber auch die wissenschaftliche Moderne ist nicht denkbar ohne diesen antihistorischen (und nicht bloß antihistoristischen) Reflex. Und machte man eines Tages eine Bilanz auf, aus der hervorginge, wessen Denkanstöße, die der »Geschichtsfreunde« oder die der »Geschichtsfeinde«, die Historie in diesem Jahrhundert letztlich weiter gebracht haben, in ihren Fragen wie in ihren Antworten, so würden die Aktiva vermutlich auf seiten der letzteren stehen.

Dies zugegeben, müßte es in diesem Jahrhundert eine paradoxe geistige Konstellation gegeben haben, die der historischen Intelligenz neben einem Höchstmaß an Spannung auch ein Maximum an Erkenntnis-chancen geboten hätte. Sie wäre eingetreten, wenn sich theoretische Gegnerschaft zur Geschichte mit praktischer Neigung zur Historie ge-paart hätte. Eine schwierige, gleichwohl nicht unmögliche Position: das Werk Michel Foucaults verdankt ihr vieles von seinem Reiz und die meisten seiner theoretischen Schwierigkeiten, denn ohne dialektische Vermittlung lassen sich Ontologie und Historie schwerlich beieinander halten. Auch Friedrich Gundolf existierte geistig in diesem Paradox, befehdete als Ideologe und Kryptotheologe im Dienste Georges das historische Denken und las zur gleichen Zeit mit Leidenschaft und Fleiß die großen Historiker von Herder bis Burckhardt. Da er indes nach eigenem Bekunden mit der Philosophie nichts anfangen konnte, suchte und fand er für sein Dilemma andere Lösungen, ästhetische und rhetorische.

In seinem ersten selbständigen Werk ist diese Spannung zwischen zeitlos-ewigem Dichterwort und historischer Wissenschaftsrede noch kaum zu bemerken. Gundolfs Dissertation – die er, ebenso wie seine Beiträge zu den *Preussischen Jahrbüchern* noch als Friedrich Gundel-finger zeichnete; erst seit 1909 führte er konsequent, auch als Verfasser gelehrter Werke, den ihm von George verliehenen Namen Gundolf – seine Dissertation *Caesar in der deutschen Litteratur* (1903) stellt, durchaus noch in den Bahnen wissenschaftlicher Konvention sich haltend (mit Anmerkungen und Bibliographie), bereits ein frühes Meisterwerk dar. Das gilt nicht nur für die souveräne Kenntnis und Beherrschung des Materials, die selbst winzige Spuren Caesars in den Quellentexten des Mittelalters aufnimmt, sondern auch für die Me-thode, welche die schriftliche Überlieferung als einen Gesamtkomplex betrachtet, dessen einzelne »Denkmäler« – hier taucht zum ersten Mal der für Gundolf so wichtige Begriff des »Sprachdenkmals« auf – diesen Komplex erläutern und aktualisieren.[8] Gerechtfertigt wird diese syn-thetisierende Sicht mit der in der frühen Historiographie geläufigen »Abschreiberei«[9]. Daneben übersieht Gundolf auch die mündliche Überlieferung nicht: »Caesars Kämpfe mit den Germanen, seine Kriegszüge in Gallien, sein Erscheinen auf dem rechten Rheinufer, die germanischen Unternehmungen seiner Nachfolger haben den Grund zu der mündlichen Überlieferung gelegt, die römischen Kolonien an Rhein und Donau waren beständige Erinnerungen an das Volk und an den Mann, der diese neue Welt gegründet. Caesars Name, als Bezeichnung der höchsten Würde kaisar, kêsur, keiser eines der frühesten germanischen Lehnworte aus dem Lateinischen, ward Sammelpunkt aller Eindrücke, welche die Deutschen von dem römischen Volke empfangen hatten.«[10] Name und Titel derart verschmolzen, wurden zum Träger der Überlieferung, welche Antike und Moderne, Römer und Deutsche, kosmopolitischen Geist und Patriotismus verband. Den Höhepunkt der Caesar-Erinnerung sieht Gundolfs Schrift bei Napoleon und Goethe, ihren Endpunkt setzt sie bei Mommsen. Die »Geschichte von Caesars Ruhm«, wie sie Gundolfs zwanzig Jahre späteres Buch in großem Stil entfaltet, ist hier schon in den Grundzügen angelegt. So gibt bereits die Dissertation eine erste, literaturgeschichtliche Antwort auf die Frage nach dem »Nachleben der Antike« – wie die Warburgsche Problemformel lautet – und wirkt gleichsam wie ein früher Ansatz zu dem, was Curtius' große Geschichte der lateinischen Überlieferung 45 Jahre später leisten sollte. Hier wie dort ist es die kleine, litaneienhaft wiederholte, zu Formeln verdichtete und »abgeschriebene« Literatur, die das Werk der Überlieferung besorgt und zu dem großen Gedächtnisbau die Fundamente legt, in dem im 19. Jahrhundert die Historie die Belétage beziehen wird. *Caesar in der deutschen Literatur* spürt das Gedächtnis der Antike in einem allmählich erst werdenden, aus losen Fäden sich knüpfenden Gedächtnistext auf, aus dem sich später die zwei bedeutendsten nationalen Diskurse, die Literatur und die Historie, allmählich ausdifferenzieren werden. Zugleich entwirft diese Schrift eine Geschichte des »Sinns« der Caesarfigur, welcher erst in einer nahen oder fernen Zukunft die Summe ihrer Wahrheit, auf die alle früheren und jetzigen Deutungen nur vorläufige Anzahlungen sind, zu erkennen geben wird.[11] In dieser hermeneutischen Perspektive, in der die Gegenwart nur einen Punkt innerhalb eines über sie hinausweisenden Wahrheitsprozesses darstellt, sieht sich die Historie selbst als beteiligt am »Wirkungsgeschehen« – eingelassen in ein endloses Gespräch über die Zeiten hinweg, Teil jener Nachrede, welcher der Ruhm ist, und in der die Großen von einst ihr Nachleben haben.

Zu dieser frühen Konzeption des Ruhms als einer Realität sowohl des nationalen als auch des europäischen Sprachgedächtnisses bieten einige der Artikel und Rezensionen, die Gundolf in den Jahren 1907 und 1908 für die *Preussischen Jahrbücher* schreibt, weitere Erläuterungen. An Bernard Shaws *Caesar und Cleopatra* kritisiert er die Flachheit, welche Shaw den Ruhm Caesars bei den Völkern für »eine Luftspiegelung« halten lasse, während er in Wahrheit ein »ens realissimum«[12] sei, und in der Besprechung einer Ausgabe der Reisen Marco Polos bekräftigt er den Wert solcher Werke nicht trotz, sondern wegen »der Phantasieen [...], die sich seit Jahrhunderten wie Patina daran gesetzt haben. Ihre Geschichte selber wächst solchen Werken zu [...] Ist doch der Ruhm kein Phantom, sondern Niederschlag von Kräften und die Phantasie ein unaufhörlich wirksamer Wellenschlag des Geistes.«[13] Gundolfs Begriff von historischer Wahrheit verlangt nicht, daß die Patina abgekratzt werde, sondern daß man ihre Schichten erkenne und als Teil der Sache, als Teil der Gedächtnis-Realität des historischen Gegenstands, begreife. Auch über die Art seiner Erkenntnis äußert sich Gundolf hier, und zwar in einer Weise, die den historischen Objektivismus, den er haßt, vermeidet und den Subjektivismus, den man ihm zeitlebens vorhalten wird, zu vermeiden sucht, indem er das auslösende Moment der Erkenntnis in den Gegenstand, in die »historische Aufgabe« hineinverlegt: »In jeder historischen Aufgabe liegt ein Punkt, wo sie metaphysisch bedingt ist. Erst wer den findet und sie dort anpackt, kann ihre Möglichkeiten erschöpfen, sie als Hebel benützen, um eine ganze Geisteswelt mit herauf zu heben; dazu bedarf es nicht großer Begriffsmaschinen, sondern eines glückhaften Gefühls für das Wesentliche, das immer einfach und unscheinbar ist, das *punctum saliens* [...] Berechnen läßt jener schöpferische Punkt sich nicht, und er liegt bei jeder Aufgabe woanders.«[14]

An Jacob Burckhardts *Weltgeschichtlichen Betrachtungen* bewundert Gundolf nicht nur den Reichtum der Anschauung und die Kraft der »Gesinnung« (an Stelle von »Meinung«), sondern vor allem die Behandlung der Heroen. Er weiß zwischen den Arten des Größenkults bei Hegel, Carlyle und Nietzsche zu unterscheiden und rückt Burckhardt in die Nähe des ersteren. Burckhardts Lob der Heroen (»Die großen Männer sind zu unserem Leben notwendig...«) zitiert sein Rezensent in extenso, weil es »eine dauernde Wahrheit meisterhaft formuliert und [...] auch die heutige Gesinnung des geistigen Menschen anspricht«[15]. Diese Überzeugung, gemäßigt formuliert, wie es sich für die *Preussischen Jahrbücher* ziemt, wird Gundolf in den folgenden Jahren in den Bänden des *Jahrbuchs für die geistige Bewegung* erheblich verschärfen und zu jenem Heldenkult zuspitzen, der ihn berüchtigt gemacht hat. Wer immer es sich mit den Geschichtskonzeptionen des George-Kreises einfach machen wollte, und das wollten viele[16], hat

sich auf die hier erschienene Programmschrift Gundolfs, seine »Vorbilder« (bzw. deren später erweiterte Fassung »Dichter und Helden«),
konzentriert und wie billig ihre Affiliation zur Konzeption der »monumentalischen Geschichte« in Nietzsches zweiter *Unzeitgemäßer Betrachtung* hervorgehoben, spricht doch Gundolf selbst davon, es sei
»die erste Aufgabe und Folge aller Bildung die Ehrfurcht wachzuhalten: den Sinn für Würde und Größe des Menschen«[17]. Doch abgesehen
davon, daß Gundolfs »kühne weltgeschichtliche Skizze« (V. Pihertová)
nicht als repräsentativ für das Geschichtsdenken des George-Kreises
gelten kann, gibt sie auch die ›Historik‹ ihres Verfassers nur zur Hälfte
wieder.

Gundolfs Heldengeschichte folgt Nietzsche in der Überzeugung,
daß die Historie dem Leben zu dienen habe; dies aber leiste sie nicht
durch Forschen und Sammeln, sondern durch Wahl und Umschaffen.
Den Großen der Vergangenheit gelte das Bemühen des Historikers
nicht in antiquarischer oder autoritärer Absicht, sondern mit dem Ziel,
sie als Kraftquellen der Gegenwart zu erschließen: »reliquienkult ist
nicht unsre aufgabe, kein wiederbau der vergangenheit, kein autoritätsdienst. Die grossen sind gross durch ihre nie versiegende neuheit, nicht
durch ihr wandelloses altertum.. weil sie nach tausend jahren sind,
nicht weil sie vor tausend jahren waren.«[18] Doch die Kräfte der Vergangenheit erweckt und gewinnt nur, wer sich seinerseits von ihnen wählen
und umschaffen, wer sein Leben von ihnen ändern läßt: »Die verehrung der grossen menschen ist entweder religiös oder sie ist wertlos [...]
Das Grosse ist Anspruch, Maass und Mitte: nur wer sich im herzen
davon umbilden lässt darf sich ihm nähern.«[19] In diesem gleichermaßen
religiös wie poetisch gedachten Prozeß einer Wechselwirkung – zwischen den schöpferischen Menschen der Vergangenheit und den empfänglichen Menschen der Gegenwart –, als den Gundolf die Geschichte
definiert[20], taucht der Ruhm wieder auf: als historische Objektivation
der schöpferischen, d. h. sprachbildnerischen Erinnerung der Menschen, welche jede Gegenwart mit neuem Leben erfüllt: »Der ruhm
[...] als mythische bildwerdung ist [...] eine wirkung, die sich an immer
andern massen erprobt, in neuen seelen neue bilder, durch neue bilder
neue kräfte zeugend.«[21] Doch der Ruhm ist an Menschen gebunden;
Gundolfs Ruhmesgeschichte ist eine Menschen-Rede-Geschichte:
»Ideen veralten, gesetze erstarren: fruchtbar sind nur die Menschen,
der quell immer neuer ideen und gesetze. Drum stellen wir bilder auf,

keine systeme.«[22] Indem der Historiker oder allgemeiner: der »empfängliche Mensch« in diesen zeitübergreifenden Prozeß der Ruhmes-Rede eintritt, wird er selbst Bildner, d. h. Schöpfer von Sprachdenkmälern, welche die historischen »Vorbilder« – Alexander, Caesar usw. – aktualisieren: an die Stelle von Erkenntnis und deren Vermittlung treten die poetisch-mystischen Verfahren der »Schau« und der »Gestaltbildung«: der wahre historische Sinn, schließt Gundolf, »ist Divination«[23].

Trotz aller Betonung des Lebendigen und Schöpferischen wirkt der von Gundolf im *Jahrbuch* vermittelte Geschichtsbegriff eigentümlich statisch. Die Helden, ob »repräsentativ« (wie Alexander, Caesar, Napoleon) oder »synthetisch« (wie Dante, Shakespeare, Goethe), sind untereinander zwar durch die Girlanden der Ruhmesrede verbunden, ansonsten jedoch kreisen sie, einsamen Gestirnen gleich, in einer leeren Weltgeschichte. Als »Inkarnationen des Göttlichen« bezeichnet Gundolf sie, doch jede Ära kennt nur eine einzige solcher Inkarnationen, und von der einen zur anderen führt keine »Entwicklung«. So schwebt am Ende das Heldenplanetarium in göttlicher Zeitlosigkeit: »es gibt keine Vergangenheit, nur verschiedene Wirkungsgrade der Ewigkeit«[24].

Zur selben Zeit, im Jahr 1911, als Gundolf für das geistespolitische Organ des George-Kreises diese statische Geschichtsauffassung eines Bildersaals der Ruhmesrede entwickelt, legt er seiner Habilitationsschrift, *Shakespeare und der deutsche Geist*, eine gänzlich andere, aber ebenso absolute Konzeption der Geschichte zugrunde: eine reine Kinetik. Seine Geschichte des Einwanderns Shakespeares in die deutsche Sprache und Kultur, eine »Kräftegeschichte«, gebildet von »lebendigen Wirkungen und Gegenwirkungen«, gilt ihm als die Geschichte eines »einheitlichen Werdens«.[25] Der in Metaphern, nicht in Begriffen denkende Gundolf wollte hier eine zweite großartige Einflußgeschichte schreiben, deren Strömung diesmal den deutschen Geist nicht – wie Caesars Ruhm – von der südlichen Antike, sondern von der nördlichen Renaissance her erfaßte und verwandelte, und geriet dabei selbst unter Einfluß, nämlich den der Philosophie Henri Bergsons. In dessen vermeintlichem Sinn schrieb er die Geschichte eines Zusammentreffens zweier »Geister«, des shakespeareschen und des deutschen, die einander im Laufe der Zeit so innig durchdrangen, bis – mit A. W. Schlegel – »Shakespeare wirklich deutsche Sprache geworden war«[26]. Der Prozeß, in dem sich dies ereignete, jenes »einheitliche Werden«, spielte sich in der Sprache ab, welche »zugleich Vergangenheit und Zukunft« ist.[27] Am Ende, und dieses wie immer vorläufige Ende sah Gundolf nicht mit den romantischen Übersetzungen Shakespeares erreicht, sondern mit denjenigen, die er damals gemeinsam mit George vornahm, war aus dem ehemals fremden Stoff reine Sprachbewegung, also reine geistige Bewegung geworden.

Es ist Gundolf nie vollständig gelungen, seine beiden Geschichtsauffassungen, die kinetische und die statische, miteinander zu versöhnen. Noch seinen *Goethe* (1916) durchzieht eine über die Metaphorik der »Kräftekugel« schlecht aufgelöste Spannung der beiden Konzeptionen, und man weiß von dem Eifer, mit dem George erst den Einfluß Bergsons und dann den »Werdensgoethe« bekämpfte.[28] Dennoch gibt es, wie G. Zöfel richtig bemerkt, in Gestalt des Gedankens der Wirkung eine »produktive Mitte in Gundolfs Geschichtsbegriff«[29]. Wie alle Gundolf teuren ›epistemologischen‹ Begriffe, »Gestalt«, ›Bild‹ usw., die allesamt darauf angelegt waren, klassische Dichotomien der kritischen Philosophie, allen voran die Differenz zwischen reiner und praktischer Vernunft, zwischen Erkenntnis und Handeln, Wort und Tat zu beseitigen, war auch der Begriff der Wirkung hoffnungslos überdeterminiert. Wirkung ging von der geschauten Geschichte aus, Wirkung übte der schauende Historiker auf die Geschichte aus, Wirkung tat sein erschautes Bild von der Geschichte: ein einziges vielstrahliges Gewirke. Soviel indes war deutlich: dieser vielfältige Wirkungszusammenhang fand in der Sprache statt, und dies um so intensiver, je enger sich diese der poetischen Rede näherte. War der echte historische Sinn Divination, so tendierte die echte Historiographie zur Dichtung. Daraus aber ergab sich folgerichtig jenes Prinzip, das wie kein anderes den Bruch mit der akademischen Geschichtswissenschaft verursachen mußte, der Primat der Darstellung über die Forschung, der *Historiographie* über die *Geschichtswissenschaft*. Eben dies aber hatte Gundolf schon mit dem zweiten Satz der »Vorbilder« postuliert: die Vergangenheit, welche in der geistigen Bewegung lebte, war Wirkung – nicht Wissen.

Es hat in Deutschland einen sechzigjährigen Krieg gegeben, der kurz nach der Gründung des Zweiten Reichs ausbrach und erst mit Beginn des Dritten ein Ende fand. In diesem Krieg ging es um den Wert der wissenschaftlichen Bildung für das Leben. Da die Bildungsprogramme des deutschen Bürgertums sich seit dem Ende des 18. Jahrhunderts an zwei ›Pilotwissenschaften‹ angeschlossen hatten, zunächst, im Schatten Winckelmanns, an die Altertumswissenschaften, und später, unter der Ägide Rankes und Droysens, an die Historie, wurde der Kampf um die Bildung in Deutschland an diesen Fronten – in den klassischen Studien und in der Historiographie – mit besonderer Heftigkeit ausgetragen. Noch die Anhänger Georges leisteten, soweit sie sich wissenschaftlich betätigten und in den Streit um die Neuorientierung der Bildung eintraten, auf diesen beiden Gebieten sowohl quantitativ als auch qualitativ das meiste; allenfalls die Literaturgeschichte konnte sich – mit Gundolf und Kommerell – demgegenüber noch als dritter bedeutender Bereich behaupten. Philosophie und Kunstgeschichte wurden im Gefolge Georges bereits weit weniger intensiv gepflegt, und die Ökonomen des Kreises (Salin, Salz) traten nur außerhalb ihres Faches als Georgeaner auf. Die Revolution der wissenschaftlichen Bildung[30], zu der die theoretisch ambitionierten Mitglieder des Kreises vor und nach dem Ersten Weltkrieg antraten, setzte in den zwei fundamentalen Diskursfeldern der bürgerlichen Bildung in Deutschland an. Um sie einzunehmen und »umzuschaffen«, mußten sie die jeweiligen Schaltstellen der Interpretation besetzen: die Homer- und Platondeutung einerseits, das Caesarbild und die Konzeption der Souveränität andererseits. So war es nur folgerichtig, daß die beiden großen Deutungskontroversen, in die George-Anhänger verstrickt waren – und deren erste überhaupt erst ihren Anspruch auf Deutungskompetenz anmeldete –, der Angriff Kurt Hildebrandts auf Wilamowitz (im ersten Band des *Jahrbuchs* 1910) und der Streit zwischen A. Brackmann und E. Kantorowicz (in der *HZ* um 1930), exakt diese ›Einsätze‹ betrafen, die moderne Ansicht des Griechentums und die Begründung des neuzeitlichen Staats aus dem Geist der Antike.

Zeitlich exakt zwischen diesen beiden Eckdaten, im Jahr 1920, und ideologisch ›oberhalb‹ dieser Kämpfe um das jeweils diskursbeherrschende Interpretationsmonopol fand die berühmte Kontroverse zwischen Max Weber und dem George nahestehenden und mit Gundolf befreundeten Erich von Kahler statt.[31] Ihre Positionen sind zu gut bekannt, als daß sie hier in extenso referiert werden müßten; zudem trägt das obstinate Wiederholen der ideologischen Argumente um die Wertbindung des Wissens und das Ethos wissenschaftlicher Betätigung wenig dazu bei, Friedrich Gundolfs spezifische Stellung zur Wissenschaft und zur *scientific community* nach dem Weltkrieg sichtbar zu machen. Hinter der Nebelwand der großen ideologischen Auseinandersetzung von 1920 war sie für lange Zeit den Blicken entzogen.

Persönlich stand Gundolf beiden damaligen Kontrahenten, Weber sowohl wie Kahler, zu nahe, um sich an ihrer Kontroverse (die durch den Tod Webers ein frühes Ende fand) zu beteiligen. Nicht, daß er kein polemisches Temperament besessen hätte, im Gegenteil[32], doch sah er seine Aufgabe eher darin, Georges Gedanken in der Wissenschaft zu verbreiten. Bedingungslos wie kaum ein zweiter Angehöriger des Kreises hatte er sich das apostolische Amt erkoren. Verkünder des Wortes wollte er sein, nur nicht, und hier lag seine Crux, Vermittler des Buchstabens.

Einfühlsam, aus eigener Erfahrung schöpfend, hat Erich von Kahler in einem späten Rückblick auf den Kreis das Dilemma der »Jünger« zwischen dem Meister und der Welt – zumeist der Welt akademischer Brotberufe – beschrieben.[33] Ihre »Tragik« bestand darin, daß sie im selben Augenblick, in dem sie der Esoterik des Meisterworts einen exoterischen Ausdruck – zumeist in Form der akademischen Lehre – gaben, bereits Verrat begingen: beraubten sie doch das Wort seiner absoluten personalen Bindung, seiner »Leiblichkeit«. Im Bestreben, dem Dichterwort andere als dichterische Wirkung zu verleihen, machten sie aus lebendiger Wirkung totes Wissen, machten sie *Wissenschaft*. Die »Leib- und Geistgarde der Jünger« (von Kahler) bot George nicht nur den Schutz nach außen, dessen er bedurfte, sondern auch das übersetzende und verstärkende Relais, dessen er ebenso bedurfte und das er doch als Profanierung ansah – und ansehen mußte. Die daraus für die Jünger sich ergebende Ambivalenz wurde ihnen von der *scientific community* prompt zurückgespiegelt: der Bewunderung für die Brillanz ihrer Schriften und Reden gesellte sich alsbald die Empörung über ihre Mißachtung der wissenschaftlichen Objektivität. Wo sich beides verband, mochte daraus jene Strategie der »Abwehr durch Lob« resultieren, die E. Osterkamp kürzlich für den Fall Gundolf beschrieben hat:

so war das hohe Lob, das ihm die Beiträger des *Euphorion*-Sonderhefts von 1921 (über seinen *Goethe*) zollten, durchaus zwiespältig, da sein Tenor – hier habe sich die Wissenschaft selbst zur Kunst erhoben – bald in den zentralen Topos der künftigen Gundolf-Kritik umschlug, den Topos vom »Wissenschaftskünstler«.[34] So gab es zwar in den zwanziger Jahren an einer Reihe großer deutscher Universitäten (wie Heidelberg, Marburg, Frankfurt, Bonn, Berlin, Kiel u. a.) eine zum Teil starke Präsenz von George-Anhängern, deren Einfluß auf die akademische Jugend nicht zu unterschätzen ist.[35] Aber mit Ausnahme der besonderen Situation in Heidelberg blieb ihre Stellung sowohl in der akademischen Körperschaft wie in ihrer jeweiligen Disziplin prekär und durch Abwehrstrategien bestimmt, deren Euphemismen gelegentlich deutlicheren Tönen weichen konnten, wie es der Widerstand der germanistischen Fakultät gegen die Berufung Gundolfs nach Berlin (durch seinen Bewunderer C. H. Becker) im Jahr 1920 zeigte.[36] Dies also war in groben Zügen die praktische und machtpolitische Kehrseite jenes großen ideologischen Schlagabtauschs, der zur selben Zeit stattfand.

In diesem ging es, wie gesagt, um den Wert der wissenschaftlichen Bildung für das Leben und im weiteren um die Konzeption des Wissens schlechthin. Nach Weber konnte sich aus der Wissenschaft keine zwingende Handlungsverpflichtung ergeben, nach George war dies das Ziel einer erneuerten Bildung. »Gestalten sehen verpflichtet«, heißt es in Gundolfs »Vorbildern«. Wirkung – nicht Wissen, so lautete das Programm dieser ›Bildungsreformer‹, die, wie Aleida Assmann treffend bemerkt, Bildung wieder an *Bindung* heranführen und auf diese Weise eines der zentralen Postulate des aufklärerischen und idealistischen Bildungsprogramms revozieren wollten.[37]

Dieses Programm einer freien Selbsterziehung mündiger Bürger hatte, so lautete bereits Nietzsches Diagnose, am Ende nur das schlechte Bündnis des Bildungsphilisters mit dem Machtmenschen gestiftet. Um die Jahrhundertwende erweiterte sich diese Kritik noch um die bald zu handlichen Topoi erstarrten Themen der Kulturkritik, die allesamt einer zentrifugal zersplitternden Kultur das Bild ganzheitlicher Geschlossenheit entgegenstellten.[38] Der vom modernen Relativismus überforderte und desorientierte Mensch, so lautete die Therapie, die nicht allein die Georgeaner vorschlugen, bedurfte eines synthetisierenden und ethisch-praktischen Wissens – auch dies meint die Formel »Wirkung – nicht Wissen«.

Was sie hingegen nicht meint, ist ›Nichtwissen‹. Die von George und seinen Anhängern beschworene *scienza nuova* beinhaltet wohl vieles, eines aber nicht: eine Ermächtigung der Dummheit. Mochte Vallentin in seinem zweiten Napoleonbuch von 1926 (*Napoleon und die Deutschen*) auch noch so laut davon tönen, es sei »Blut, Blut, Blut«, worin die Deutschen Napoleon erkannt hätten, generell ging die Tendenz des Kreises – muß man es betonen? – zu einer Sublimierung des Wissens. Die unerträgliche Komplexität des modernen Seins und Wissens reduzieren, wollten in den zwanziger Jahren viele. Entscheidend war, in welche Richtung diese Reduktion führte. Die der Georgeaner führte in Richtung auf das sprachlich und geistig Erhabene – mit allen, nicht immer vermiedenen Risiken des Lächerlichen. Georges »Staat« beschränkte sich auf eine geistige Elite. Oder richtiger: auf eine ästhetische Elite. Schön und erhaben sollten ja nicht nur die Geister sein. Der »Staat« war keine »Gelehrtenrepublik«. Georges Ideal des vollkommenen Menschen war in erster Linie ein ästhetisches: »Leiber« waren es, die der »Staat« zu bilden unternahm, und diese umfaßten Körper ebensowohl wie Geister. Das *principium movens* von Georges Wissensethik war der Eros, während derjenige Webers Arbeit hieß. Und während Weber die wissenschaftliche Arbeit Spezialisten, Facharbeitern aufgegeben sah, wollte George vollkommene Menschen, Inkarnationen des Göttlichen, bilden. Webers Wissenschaft war – jedenfalls in den Augen seiner Gegner – eine Habe, Georges *scienza* war ein Sein. Das Problem lag darin, dieses Sein in seiner Reinheit zu bewahren und dennoch wirksam werden zu lassen. Denn die Verstrickungen der Apostel in die Alltagswelt der Wissenschaft und ihre Kompromisse mit den Habenden ließen ihn, George, zum Einzigen werden, der das Sein verkörperte – »die Fleisch gewordene neue Werttafel«, wie Troeltsch prägnant formulierte[39].

Ihr Verlangen nach der ungeteilten Fülle des geistigen und leiblichen Seins reduzierten George und die Seinen auf das einzige Ausdrucksmedium der dichterischen Rede und auf ein Ethos der schönen Gesten. Ihr Streben nach Wirkung, nach »Staat«, nahm einen Weg, der sie letzten Endes aller weltlichen, machtpolitischen Wirksamkeit berauben mußte. Spätromantische Feinde Hegels, lehnten sie jede Form der Arbeit und Vermittlung ab. Um so höher türmten sich die Hindernisse, sobald sie in der Welt der Vermittlung sich zu behaupten suchten. Bis in seinen Habitus als Hochschullehrer hinein agierte Friedrich Gundolf diese Schwierigkeiten aus.

Zwar war er nicht, wie einzelne Radikalitäten in denjenigen seiner Schriften, die am reinsten apostolischen Geist atmen, in den »Vorbildern« oder in seinem *George* (1920), suggerieren mögen, darauf aus, den existentiellen Konflikt, der sich aus der georgezentrischen Struktur der neuen Bildung ergab, leichtfertig zuzuspitzen. Selbst sein berühmter Gegensatz von authentischem »Urerlebnis« und angelesenem »Bildungserlebnis« galt ihm als synthesefähig: Gundolf hätte, das wußte er zu gut, mit einem Federstrich seine eigene intellektuelle Existenz ausgelöscht, hätte er die Opposition zwischen den Schöpfern großer Werke und ihren Vermittlern für absolut erklärt. Generell gilt, daß bei allen der (mit welcher Berechtigung auch immer) auf George sich berufenden Streitern in der Debatte um Wissenschaft und Bildung die Stärke im Angriff auf die »alte« Wissenschaft lag; ging es hingegen darum, die eigenen Absichten, das Wesen der »neuen« Wissenschaft zu bestimmen, so verstummten die Rhetoren oder büßten – spürbar im Fall von Kahlers – merklich an Schwung und Sicherheit ein. Gundolf wollte es nicht bei der Polemik gegen die alte, analytische und objektivierende Wissenschaft belassen und bemühte sich – am nachdrücklichsten wohl in seinem *Goethe* – um den Nachweis, daß Lebendigkeit und Wissenschaftlichkeit oder, wie er lieber sagte, »Liebe und Gescheitheit« sich versöhnen ließen.[40] Das Ideal von Erkenntnis, welches Gundolf vorschwebte und das er wohl auch praktiziert haben mag, läuft auf eine Art mystischen Liebes-Erkennens hinaus, welches sich in vollkommener Hingabe an das Objekt der Erkenntnis, ja in einer Art geistiger Verschmelzung realisiert. Oft genug hat Gundolf selbst in solchen Termini beschrieben, was alle kritischen Erkenntnistheorien hinter sich läßt und die Hermeneutik historischer »Einfühlung« bis zur Selbstaufgabe des Erkennenden radikalisiert.

Diese Weise der Erkenntnis auch gegenüber der Geschichte zu praktizieren, fiel ihm nicht schwer. Hatte er doch im Laufe der Zeit die Historie mehr und mehr auf die Objekte und Praktiken seiner Prädilektion beschränkt, auf die Lektüre großer Historiker und Memorialisten und auf die Beschäftigung mit Caesar, die über seine Bibliophilie hinausgehend Züge von Fetischismus annahm.[41] So konnte er wohl im Anklang an Goethe sagen, die Historie habe sich überhaupt erst »am Enthusiasmus entzündet«[42] – denn just dies war auch das Ziel der Gundolfschen Historie: nicht Wissen zu vermitteln, sondern Begeisterung zu wecken.

Gundolf sah die Geschichte – wie übrigens auch die Literatur – eines Volkes als Gedächtnisquelle kollektiver Begeisterung, gemeinschaftlicher Freude an. Wo die Geschichte aufhörte, totes Wissen zu sein und lebendige Wirkung wurde, nahm sie den Charakter eines Festes, ja idealiter eines Festes des ganzen Volkes an. In dieser Vorstellung vom Gedächtnis-Fest der lebendigen Historie traf sich Gundolf mit den geistigen Traditionen der Französischen Revolution und letzten Endes mit dem ihm sonst fremden Rousseau.[43] Aber ebenfalls mit Rousseau traf er sich in den Vermittlungsproblemen, die sich aus dieser Konzeption des Wissens als Fest ergaben. Wie sollte man in einem Hörsaal Feststimmung erzeugen? Darauf wußte Gundolf keine Antwort. Und wie Rousseau suchte er sein Heil in der Schrift.

Die Form historischen Wissens, die Gundolf für die einzig erstrebenswerte hielt, sträubte sich gegen jede andere Vermittlung als durch geschriebene Rede, welche ihrerseits größtmögliche Nähe zur poetischen Rede wahrte. Vor das Problem ihrer rhetorischen Vermittlung gestellt, wußte sich der im buchstäblichen Sinn red-selige Mystiker Friedrich Gundolf keinen Ausweg als die Verlesung druckfertig ausformulierter Manuskripte – in einem dem Gedichtvortrag im »Kreis« weitgehend angenäherten, monotonen Sprechstil und unter Vermeidung jeden Kontakts mit dem Auditorium.[44] Das der Schrift anvertraute Wissen, das im Kreis der Eingeweihten Leben und Liebe atmete, gefror im Angesicht einer fremden Öffentlichkeit zur Maske. Weltgeschichte als lebendige Wirklichkeit, Weltgeschichte als Fest, wie Gundolf sie ersehnte und ersann, konnte nur im kleinen Kreis stattfinden.

Caesaren

War die Vermittlung jener neuen Historie, die Gundolf vorschwebte, schwierig, wenn nicht unmöglich, weil sie sich gegen ihre Verfestigung zur Lehre sträubte – wie stand es dann mit ihrem Anspruch, zur Tat zu rufen? Wenn, wie es Überzeugung des »Kreises« war, der Dichter zugleich in höchster, sublimster Weise Täter war – auf der Identität von Dichter und Staatsgründer baute schließlich die gesamte »Staats«-Idee auf –, mußte dann nicht der Historiker im selben Maße wie er zum Dichter strebte, auch zum Täter tendieren? Tatsächlich teilte Gundolf mit dem Kreis um George die Faszination durch die großen histori-

schen Täter und imaginierte sich mit allem Liebesverlangen seiner Seele
in sie hinein: Wäre er sonst in immer neuen Anläufen auf die Person
Caesars zurückgekommen? Wie aber verhält sich Gundolfs Caesarbild,
vor allem angesichts der Beschwörungsformeln, die es im Jahr 1924
umgeben, zu dem politischen Phänomen des Cäsarismus in Deutschland – mit dem bereits Claude David trotz aller Sympathie George und
seinen Kreis in Verbindung brachte?[45] Ein wenig anders noch und vielleicht besser läßt sich die Frage stellen, wenn man sich zwei fotogra-
fische Aufnahmen ansieht.

Die erste stammt aus dem Februar 1903. Sie ist in Karl Wolfskehls
Münchner Wohnung entstanden. In ihrer Mitte sieht man eine Nike-
Statuette; den weiteren Aufbau beschreibt R. Boehringer folgenderma-
ßen: »Rechts von der Nike sitzt George als Caesar mit dem Stirnreif, in
seiner linken Hand hält er die Erdkugel hoch. Er trägt ein dunkles Un-
tergewand, wohl purpurn und aus Seide oder Samt, darüber ein weißes
Obergewand mit Borte. Am linken Arm, vom Beschauer aus rechts
vom Caesar, etwas tiefer, sitzt Schuler als Magna Mater, dunkel geklei-
det und mit dunklem Haar (Perücke) und Barett [...] Die anderen – im
ganzen zehn Personen – bildeten den Zug der Götter, angeführt von
dem Herold mit Stab in der Rechten und Ornament auf der Brust.«[46]

Das zweite Foto muß etwa 1924 entstanden sein. Ludwig Thormae-
len hat es in seinem »Pförtnerhaus« im Grunewald aufgenommen.[47]
Vor der geblümten Tapete des Zimmers sieht man links, halb im Profil,
den stark gealterten, silberhaarigen George sitzen; seine tief in den
Höhlen liegenden Augen sind fast geschlossen; rechts zwei junge Männer, beinahe Knaben noch, auf einem Sofa. Über ihnen an der Wand
hängt ein Porträt Georges aus früheren Jahren. Die jungen Männer
blicken ernst und gesammelt, der eine wendet sein Gesicht fast dem
Betrachter zu, während der andere, George näher Sitzende, vereh-
rungsvoll den Kopf dem Dichter zuneigt. Der so als Adorant Posie-
rende ist Claus von Stauffenberg, der Attentäter des 20. Juli, der ver-
sunken Blickende sein Bruder Berthold, welcher ebenfalls an der
Verschwörung gegen Hitler beteiligt war und drei Wochen nach seinem
jüngeren Bruder hingerichtet wurde.

Zwei Fotos von Stefan George. Das eine zeigt den jungen Dichter, als
Caesar verkleidet, bei einem Schwabinger Künstlerfest im Fasching.
Das andere zeigt ihn mit zweien seiner Jünger der Spätzeit, die zwei
Jahrzehnte nach dieser Aufnahme und elf Jahre nach Georges Tod, an

dessen Bahre sie die Wache gehalten hatten, die Ermordung des Tyrannen planen und versuchen sollten. Zwei Bilder, ein Dichter-Caesar in der eingefrorenen Pose eines Faschingsfests, und zwei Heranwachsende, die nicht wissen können, daß sie dereinst Caesarenmörder sein werden. Von Gundolf beide Male keine Spur. Wo zwischen diesen beiden Fotos wäre denn sein Platz, und auf welcher Seite stünde sein Caesar?

Bekannt ist, daß Gundolfs Caesar viele Züge von George enthielt, so viele, daß man bisweilen meinen mochte, es sei jener nur die antike Maske des geliebten Dichters und der Caesarname in Wahrheit ein Pseudonym für Stefan George. Doch Gundolfs »Caesarspleen«, wie er ihn selber nannte, hatte sein Echo unter den anderen Mitgliedern des »Kreises«, denen es ebenfalls als bedeutsames Zeichen erschien, daß beider Geburtstage, Caesars wie Georges, auf denselben Tag, den 12. Juli fielen – den Tag, an dem Gundolf sterben sollte. Edgar Salins Schilderung eines Nachmittags im Februar 1914 in Gundolfs Heidelberger Wohnung zeigt, wie sich in den Augen der Jünger die Bilder Caesars und Georges wie in einer Doppelbelichtung übereinander legten: »Das Zimmer war das gleiche; aber der Raum hatte einen neuen Ausdruck, einen nicht mehr nur durch seinen Bewohner geprägten Geist dadurch erhalten, daß auf dem Schreibtisch ein Abguß der Londoner Caesar-Büste stand. Es war unser Dank an Gundolf gewesen, daß wir ihm die Nachbildung dieser späten Büste verehrten, in welcher dieser Caesar-Kenner die echten Züge des geliebten Heros der abendländischen Geschichte durchzufühlen vermochte. Nun hob sich Georges Kopf, ein wenig nach vorne über die Blätter geneigt, im Profil ab von dem Profil der Caesar-Büste, deren Blick durch das Fenster hindurch in die Ferne wies, und es war nicht nur unser Wissen um den gleichen Tag der Geburt, sondern die unentrinnbare Magie dieses Bildes, die zum Vergleich der Züge drängte. Nie hatten wir bis dahin geahnt, wie stark auch im Dichter die Kraft des Täters lag, – nie war uns die Geistigkeit des Römers so deutlich entgegengetreten.«[48]

Nicht äußerlicher Ähnlichkeit Georges mit Caesar – die, wie die Bildnisse zeigen, noch weniger existierte als die vielfach behauptete zwischen George und Dante – bedurfte Gundolf, um stets von neuem seine zwei bedeutendsten Helden, den der Vergangenheit und den der Gegenwart, in eins zu setzen. Seine Divination allein offenbarte ihm die Wesensähnlichkeit der beiden geliebten Menschen. Da Gundolf allen

»schöpferischen« Menschen, ob »Sehern« oder »Tätern«, mindestens einzelne Züge Georges verlieh – so wie er umgekehrt in allen »empfänglichen« Menschen Teile des eigenen Wesens wiederfand –, und da er seine Kindschaft zu George nicht nur mit Liebes- und Pietätsbekundungen, sondern gelegentlich auch mit kindlichen Mordphantasien quittierte, die nicht des Vaters Blut, sondern des Sohnes leichte Prosa (von »schmeidig öl« sprach E. R. Curtius) fließen ließen – was lag da näher, als von Zeit zu Zeit dem Caesar-George einen Brutus-Gundolf entgegenzustellen? Tatsächlich enthält das Werk Gundolfs, sowohl in seinem poetischen als auch in seinem wissenschaftlichen Teil, in diesem stärker, in jenem schwächer sublimiert, mehrere Verarbeitungen des Vatermord-Motivs, von dem frühen Versspiel *König Kofetua und die Bettlerin* (1901 geschrieben, 1903 in der 6. Folge der *Blätter für die Kunst* erschienen) bis zu den anrührenden Worten des späten Shakespearebuchs (1928), Jahre nach dem Bruch mit George: »Die Bürde des Brutus, den hohen Mann ohne Gewißheit seiner Schuld zu opfern und dann geopfert zu haben [...] der dunkle Gram seines Wesens und, wie man fühlt, des späteren Shakespeare selber [hat] die Tragödie hervorgebracht.«[49] Auch in Gundolfs Caesarbuch von 1924, *Caesar, Geschichte seines Ruhms* (dem zwei Jahre später ein ergänzender *Caesar im XIX. Jahrhundert* folgt) wird an den Stellen, wo die Gestalt des Brutus auftaucht, diese mit tiefer Sympathie wahrgenommen.[50] Gleichwohl ist dieses zweite Caesarbuch (dem ja die Dissertation voranging) perspektivisch noch ganz auf George ausgerichtet, und die Fortsetzung von 1926 schließt mit dem Hinweis auf den, der Nietzsches Traum vom Herrscherweisen, verkörpert in der Kunstfigur Zarathustra, menschlich-leibliche Wirklichkeit geben sollte: »Noch ist kein Herrscher erschienen der weise ist, aber schon wirkt wieder ein Weiser mit herrscherlichem Willen, schöpferisch fest, wissend und liebend, trächtig von dem cäsarischen Schauer den Nietzsche geweissagt.«[51]

Gundolfs Heroenkult – verbunden mit einer synkretistischen Inkarnationslehre, die, als Extremfall von Parthenogenese, nicht nur auf Mütter, sondern sogar auf Jungfrauen verzichten konnte – schien nach dem peinlichen *George* von 1920 (in dem sich Gundolf anscheinend selbst in ›Abwehr durch Lob‹ übte) und dem unglücklichen *Heinrich von Kleist* von 1922 (der ein Opfer von Gundolfs Unfähigkeit zu trauern wurde) mit dem Caesarbuch von 1924 auf den Höhepunkt gelangt. Noch ganz abgesehen von der politischen Gefahrenzone, in die das

Werk auf diese Weise geriet – mußte es nicht zu diesem Zeitpunkt, im Jahr 1924, auch jeden Anspruch seines Autors auf intellektuelle Zeitgenossenschaft – *sit venia verbo* auf Modernität – Lügen strafen? War nicht zur selben Zeit, zu der mit Leopold Bloom, dem Protagonisten von *Ulysses*, der Typ des androgynen Antihelden die Szene der literarischen Avantgarde betrat, Gundolfs Lob der großen Männer der schlagende Beweis für den Anachronismus seines Denkens und Schreibens? Erwies sich nicht, zur selben Zeit, da Forscher wie Henri Pirenne, Marc Bloch und Maurice Halbwachs die Fundamente einer radikal erneuerten Historie legten, Gundolfs Heroengeschichte als hoffnungslos demodierte Spätgeburt des 19. Jahrhunderts? Doch gilt wohl auch für Gundolfs Caesar, was sein Autor Jahre zuvor festgestellt hatte: es sei das Wie, das offenbare, nicht das Was.[52] Es lohnt sich, über gewissen Reizvokabeln und -themen dieses Buches nicht sein Wie, nicht seine Problemstellung und Machart zu übersehen. Die nämlich sind erstaunlich modern.[53]

Wie bereits in seiner Dissertation faßt Gundolf den »Ruhm«, d. h. das legendäre, literarische oder ikonographische Nachleben eines Großen in der Geschichte nicht als ein Epiphänomen auf, über das die Wirklichkeitswissenschaft Historie hinweggehen kann. Der Ruhm oder, wie Gundolf auch sagt, die Bilder der großen Menschen sind eigene Realitäten mit eigener Geschichte und Wirkung. Der erste Teil des Buches beschreibt ihre Anfänge, beschreibt die »Bildwerdung« Caesars, die teils über spontane Prozesse der Legendenbildung, teils über eine von oben gesteuerte Bildpropaganda läuft. Doch der antike, noch an leibliche Gegenwart gebundene Heroenkult löst sich in der Spätantike auf; an seine Stelle setzt das Christentum eine Zeichenwelt: »Lang ehe das Christentum gesiegt und sein Jenseits mit Beziehungen und Bedeutungen ausgestattet hatte, begann die Entleerung des Reiches von dieser Welt, die Umkehr der Götter und Helden in Ideen, Gespenster, Namen. Der Übergang Caesars in das Kaisertum ist nur ein Wirksal dieses Wandels, das sein mittelalterliches Nachleben bestimmt.«[54]

Das Mittelalter überlebte Caesar, wie Gundolf sagt, »als Amt und als Name«, und vielleicht liegt hier, in der Konzeption des »magischen Namens«, die eigentliche Originalität von Gundolfs Antwort auf die Frage nach der Möglichkeit von Tradition und zugleich der Schlüssel zu seiner Auffassung der Sprache: »Caesar hat in den Jahrhunderten, da sein Mythus verblaßte, magisch fortgewirkt durch die Weihe seines Namens.«[55] Die Qualität des Historikers Gundolf erweist sich, wenn er die Wege nachzeichnet, welche die Caesar-Überlieferung einschlug und die oft unscheinbaren Träger, an die sie sich heftete. Von drei Quellenarten – Ortsgedächtnis, Bücher und Phantasie – ausgehend, folgt er den Spuren Caesars durch mittelalterliche Legenden und Fabeleien, Gründungssagen, Klosterannalistik und Chronistik. Doch Caesars Name haftet nicht nur als Prägung im Gedächtnis der mittelalterlichen Menschheit, sondern entfaltet eigene, »magische« Wirksamkeit: »Caesar ist im mittelalterlichen Gedächtnis ein Zaubername, dem sich Vorstellungen bestimmter Eigenschaften und unbestimmter Taten ansetzen. Die Taten wurden entweder durch Gerüchte oder durch Schriften aufbewahrt [...] die Eigenschaften waren vor ihm da als Universalia, welche man in jedem wiederfand und von jedem forderte, dessen Name bezauberte.«[56] Im Bestreben, sich des Zaubers des Caesarnamens zu versichern, laden die großen Herrscher des Mittelalters, Karl der Große, Otto III., Friedrich II., diesen Namen mit neuer Kraft auf und bereichern ihn um neue Bildelemente. Mit Dante und Petrarca erwacht die klassische Gestalt Caesars zu neuem Leben; die Kunst der Renaissance verleiht ihr sinnliche Gewalt durch ihre massive Präsenz in den Allegorien der Trionfi, in Büsten, Bildern, Statuen. Von Luther und Melanchthon über Bacon und Shakespeare zeichnet Gundolf den Weg der Caesar-Überlieferung durch die Renaissance des Nordens; von den Schriftstellern der französischen Essayistik und Moralistik folgt er ihrer Spur bis zu den großen deutschen Historikern seit Herder und Johannes von Müller.

Hier knüpft die spätere Schrift *Caesar im XIX. Jahrhundert* an, die den Bogen durch die europäische Literatur und Historiographie des vorigen Jahrhunderts schlägt und mit dem gewaltigen Caesarbild von Theodor Mommsen endet – ein Bild, das Gundolf ausdrücklich vom »Cäsarismus« des Jahrhunderts, geboren aus der Empfänglichkeit für Demokratie und der Lüsternheit nach dem starken Mann, absetzt.[57]

So schreibt Gundolf die Geschichte von Caesars Ruhm als Geschichte einer Figur des Imaginären, die, zu einer Realität des europäischen Sprach- und Bildgedächtnisses geworden, vermittelt über eine Vielzahl historischer Aneignungen und Verarbeitungen durch Menschen, Texte und Bilder, die kulturelle und politische Geschichte dieses Kontinents nicht nur begleitet, sondern nachhaltig geformt und sogar gelenkt hat. Der Abstand ist groß, den dieses Werk zu anderen Büchern unterhält, die in jenen Jahren unter dem Signet der *Blätter für die Kunst* erschienen, so etwa B. Vallentins *Napoleon* (1924). Weit geringer ist seine intellektuelle Distanz zu den Studien der Traditionsforschung, die damals in den *Vorträgen* der Bibliothek Warburg erschienen. Und doch scheut sich der kritische Leser unserer Tage, Friedrich Gundolf unter diejenigen zu rechnen, in denen die avancierten Kulturwissenschaften von heute, von der politischen Ikonographie bis zur *histoire symbolique*, ihre Pioniere erkennen. Das liegt weniger am Fehlen des gelehrten Apparats oder an der nach heutigem Empfinden allzu pathetischen Sprache des Caesarbuchs. Es liegt daran, daß dieses Buch den Helden, dessen Ruhmesgeschichte es schreibt, nicht nur historisch *kennen*, sondern auch künftig *nennen*: bei seinem magischen Namen rufen, also beschwören will. Nicht Wissen soll die Caesarhistorie vermitteln, sondern Wirkung soll sie zeitigen; in doppeltem Sinne soll sie »Wirkungsgeschichte« sein. Der Historiker Friedrich Gundolf will mehr sein als ein rückwärtsgewandter Prophet. Er will in die Zukunft deuten. Gundolfs Caesar wendet sich nicht gegen den politischen Messianismus seiner Zeit, vielmehr sucht er ihn mit humanistischen Mitteln zu läutern. Einer Zeit, die nach dem starken Mann ruft und sich »mit Feldwebeln begnügt statt der Führer«, will der Historiker das Bild der wahren Größe ins Gedächtnis rufen: »Nicht als könnte solche Beschwörung einen Cäsar zeitigen. Nie wiederholt die Geschichte die Erscheinung ihrer immer gleichen Ideen und kein Wissen um Gewesenes erschafft das notwendig Neue. Nachahmungen aus politischer Gelehrtheit sind immer falsch und fruchtlos. Wie der künftige Herr oder Heiland aussieht, weiß man erst wenn er waltet.«[58]

Das Caesarbuch, Gundolf sagt es in den ersten Sätzen deutlich genug, will keine starken Männer herbeireden. Im Gegenteil, es will sie – durch einen merkwürdigen Akt gegenaufklärerischer Aufklärung – verhindern: vor dem Bild der wahren Größe soll sich ihre Niedrigkeit erweisen. Der realen Machtpolitik und ihren gemeinen Inkorporationen begegnet Gundolf mit einer reinen Geistespolitik. Er setzt ihr ein Buch entgegen, das im Titel den Namen des größten historischen Machtpolitikers nennt und der Absicht nach idealistische Antipolitik betreibt: Caesars magischer Name soll den Cäsarismus der Straße bannen. Schon früher hatte Gundolf Eigennamen zu Büchernamen gemacht: *Goethe, George, Kleist*. Im *Caesar* jedoch trat zu den ästhetischen Gründen dieser Wahlen ein sprachmagisches, analogisches Motiv hinzu: *Caesar*, der Name und (Buch-)Titel zu einem verschmolz, stellte sich in die Tradition der mittelalterlichen Namensmagie, die, Namen und Würde identifizierend, eine Sprachform von höchster politischer Wirkungskraft geschaffen hatte. In diesem Sinne, die zeitgenössischen Usurpatoren der Caesarenwürde denunzierend, dem kommenden Messias aber die gereinigte Form entgegenhaltend, sollte Gundolfs *Caesar* tatsächlich mehr als ein gewöhnliches Buch, sollte es selbst eine caesarische Geste sein.

Das sollte es sein. In Wirklichkeit war es nur die sublime Geste eines humanistischen Wunschdenkers. Gundolf, der Ohnmächtige, dem es nie ganz gelang, dem Bannkreis Georges zu entkommen, der Professor, der im Hörsaal trotzig aufstampfte, wenn er den Faden seiner Rede verlor, klammerte sich an das Bild des Mannes, der wie kein anderer unter allen Menschen den Inbegriff der Macht verkörpert hatte. Er wußte so viel über Caesar, besaß die ältesten und seltensten Ausgaben seiner Werke. Doch wenn er über ihn schrieb und ihn schilderte – aber tat er das je? Schrieb er je eine wirkliche Biographie? – dann fehlte stets ein Zug in seinem Bild. Derselbe Zug, der allen seinen Helden fehlte, der Zug des Bösen.

Gundolfs Helden waren Lichtgestalten. Oder, wenn man will, reine Toren. Sie glichen den »Caesaren mit der Seele Christi«, die Nietzsche vorausgesehen hatte, aber die Betonung lag auf der Seele Christi. Anders als Nietzsche, anders als Burckhardt, ja auch als Mommsen (der das Verlangen nach dem »grand criminel« bekannt hatte), anders als George, der sich noch als Antibourgeois und Verbrecher begriffen hatte, sparte Gundolf in seinen Bildern vom Heros die Züge der Bosheit und der Niedertracht aus. Zudem fielen seine Heroen merkwürdig inaktiv aus. Tatenlos und ohne Arg, blieben Gundolfs Helden in seltsamer Weise flach, so als fehlte ihnen eine Dimension zum wirklichen Leben. Gundolf schrieb keine Tatengeschichte; er löste seine Helden in eine Folge historischer »Bildwerdungen«, eine Serie von Sprachhandlungen und Bildprägungen auf. Sehr schön hat Matthias Gelzer in seiner Besprechung von Gundolfs *Caesar* den Eindruck eines »geistesgeschichtlichen Maskenzugs« wiedergegeben, den dieser Gang durch die Jahrhunderte vermittelte.[59] Gundolfs Fest der Weltgeschichte geriet, nachdem er einmal den Großen ihre Taten und ihr Verbrechertum genommen hatte, zu einer Art gelehrtem Maskenball. So endete, was als Austreibung des Historismus aus der Geschichte begonnen hatte, am

Ende im Histrionismus eines Maskenfests, in dem noch immer, wie einst im Münchner Fasching, ein versteinerter George den Erdball in die Höhe hielt. Gewiß war auch dies, der Histrionismus als höchste Form des historischen Sinns, bei Nietzsche vorgebildet gewesen. Doch was bei ihm die tragische Form des Wahns angenommen hatte, jener *folie historique* des Dezembers von Turin, war in Georges Kreis zur harmlosen Exzentrik geworden, zur Faschingstravestie, kurz zur Komödie. Nur daß der Reigen der Schwabinger Masken, in dem George die klassische Bildung verspielt hatte, von Gundolf wieder ins philologische Seminar heimgeholt worden war.

So steht in summa Gundolfs Buch in einem seltsamen Spannungsfeld aus Spleen und Histrionentum, aber auch aus politischem Messianismus und humanistischer Antipolitik (die sich des Mittels der Sprachmagie zu bedienen suchte). Bloß vom wirklichen historischen Tun und von den vielbeschworenen Tätern war dieses Buch weit entfernt. Gundolf schrieb eine Bedeutungsgeschichte des Caesarbildes seit der Antike und registrierte mit feinem Gespür den geringsten Bedeutungswandel in der Figur. Wie wenige vor und nach ihm war er sensibel für das eigentümliche Leben der Symbole. Er wußte viel über die Prozesse der »Bildwerdung«, die aus gelebtem Leben lebendige Symbole machten. Die Aufgabe des Bildungshistorikers sei der des Übersetzers verwandt, hatte er im *Goethe* geschrieben.[60] Diese Richtung des Übersetzens, vom Leben ins Symbol, von der Tat ins Wort, die beherrschte er souverän. Aber auch nur diese. In die andere Richtung zu übersetzen, wie es ein Claus von Stauffenberg zwanzig Jahre nach Erscheinen des *Caesar* tat – wenn dessen Tat denn eine ›Übersetzung‹ war[61] –, wäre dem Sprachmagier Friedrich Gundolf nicht möglich gewesen. Anders als Georges bekanntes Diktum besagte, führten von ihm viele Wege zur Wissenschaft, aber keiner zum Handeln.

Bildungshistoriker

Gundolfs Caesarbuch als »caesarische Geste« zu begreifen, klingt nach Überinterpretation. Doch es entspricht durchaus der Sicht der Dinge, die der »Kreis« selbst ausgebildet hatte: »Geistbücher« galten als Politik.[62] Und Gundolf hatte das Buch, dessen erste Auflage noch unter dem *Blätter*-Signet erscheinen durfte, hatte diese Geste geradezu für den »Meister« maßgeschneidert. Doch George griff nicht zu. Er mochte spüren, daß in diesem *Caesar* zuviel vom Geist des Brutus steckte. In den Caesar-Brutus-Oppositionen, die Gundolf zu verschiedenen Malen durchspielte, rumorte nicht nur ein Vater-Sohn-Konflikt oder – Auftritt Elisabeths – die Empörung des Frauenliebenden gegen die Monosexualitätsgebote des »Staats«. In ihnen regte sich auch der Widerstand des Historikers Gundolf gegen Georges Verewigung der Gegenwart.

»Laß mich noch zehn Jahre Gesundheit haben«, schrieb Gundolf im November 1910, berauscht vom Kampfgeist der *Jahrbuch*zeit, an George, »so bin ich der Mann, all deine Urgedanken und Urerlebnisse zum Gemeingut der deutschen Gesamtbildung im besten Sinn [...] zu machen.«[63] In zeitlicher Hinsicht hatte sich Gundolf nicht verschätzt. Im Jahr 1920 markierte sein Georgebuch den Endpunkt dieser Art Apostolat. Mochten auch der *Caesar* und seine Fortsetzung von 1926 noch die Gestalt Georges zum Fluchtpunkt ihrer Perspektive machen – ideologisch war Gundolf mit diesen Schriften ein gehöriges Stück weit aus Georges Orbit getreten. Die Bildung, die *Caesar* vermittelte, war keine »Staats«-Ideologie mehr. Sie war profunde humanistische Bildung.

Nicht daß die allmähliche – und übrigens nie ganz gelingende – Lösung von George einzig und allein Gundolfs humanistischer Bildung und seinen historischen Neigungen zugute gekommen wäre. Sie erlaubte ihm auch, Lesefrüchte auf Feldern zu ernten, die zuvor streng verpönt gewesen waren. Wohl hatte er sich früher schon mit dem Katholiken und Reichsfeind George erbittert um die geistesgeschichtliche Bedeutung von Luther und Bismarck gestritten.[64] Jetzt aber, nach dem Bruch, so behauptete George später, hätte er sogar Freud gelesen.[65] Mochte das nun Wirklichkeit oder vielmehr Georges Alptraum gewesen sein – dem erstaunlichen Verständnis, das der späte Gundolf der Triebschicksalsdichtung Wedekinds entgegenbrachte[66], könnten derartige Bildungserlebnisse vorausgegangen sein.

Entscheidender aber, jedenfalls für das intellektuelle Profil des späten Gundolf, war die humanistische Wende, welche dieser mit dem *Caesar* einleitete. Sie führte ihn zurück zu seinen Anfängen – und zugleich zu den Anfängen des deutschen Geistes in der Geschichte seiner Literatur. Wobei er zwar weiterhin von »Literatur« sprach, den Begriff aber so sehr erweiterte – um historiographische, kosmographische und naturwissenschaftliche Texte –, bis er annähernd dem entsprach, was Hofmannsthal in seiner Rede von 1927 als »Schrifttum« bezeichnete.[67] Vor allem aber wandte er sich – neben der Wiederaufnahme seiner Shakespearestudien und der Auseinandersetzung mit den Romantikern[68] – mit beträchtlichem Eifer der deutschen Literatur der frühen Neuzeit zu.[69] Dort, wo der theologisch zentralisierte Kosmos des mittelalterlichen Geistes von Philologen und Kosmologen, von Schriftkennern und Naturforschern gesprengt worden war, setzte Gundolfs Bildungsgeschichte jetzt an: Selbstbildung des Geistes durch Welterschließung lautete ihr Programm. Es ließ sich historisch entwickeln – man mußte es nicht seherisch diktieren. Nicht nur durch die Wahl unorthodoxer Lektüren entwich Gundolf allmählich dem Georgeschen Bildungsgehege. Er entwickelte auch ein eigenes, historisches Bildungsprogramm. Dem singulären Anspruch Georges, absoluter Ursprung (und Ziel) der Bildung zu sein, setzte Gundolf den Plural der geistigen Ursprünge entgegen. Die ewige Gegenwart des Sehers – die Gundolf ehedem, in dem verzweifelten Bemühen, seinen Gegenständen einen Rest von Historizität zu erhalten, in die polaren Konzepte reiner Kinetik (»Werden«) und reiner Statik (»Helden«) übertragen hatte –, ersetzte er jetzt durch eine historische Phänomenologie wechselseitiger Wort- und Welterschließung. Mit ihr war die Vergangenheit aus dem eisernen Griff der Gegenwart entlassen.

»Zum Historiker wird man geboren wie zum Dichter«, hatte Gundolf Jahre zuvor geschrieben.[70] Mit dem *Caesar* erlebte er seine Wiedergeburt als Historiker. Aber er ›wiederholte‹ nicht nur ein Thema, das zur lebenslangen Obsession geworden war. Indem er den Anfängen der deutschen Historiographie nachforschte, entdeckte er von neuem die doppelte Wurzel der Historie: diese erwuchs gleichermaßen aus Philologie und Naturforschung, aus Schriftkenntnis und Welterkenntnis, der Tiefe des Texts und der Benennung der Welt.

Was wäre aus Gundolf geworden, hätte es George nicht gegeben? Eine späte Neuauflage Heines, wollte ihm selbst einmal scheinen. Ein genialer Philologe, darf man mit größerer Wahrscheinlichkeit annehmen. Doch da die Philologie in Acht und Bann getan und zur »Wissenschaft des Nichtwissenswerten«[71] erklärt war, schrieben die Enkel Nietzsches geistpolitische Deutungsbücher, die sich poetisch und intuitiv gerierten und ihre Technik, ihr »Denkgerät« (Gundolf) unterschlugen. So mußte der Philologe, der unvergleichliche Textkenner

Gundolf sich zeitlebens hinter dem Begriffsdichter und Mythologen Gundolf verbergen, und nur wenige, unter ihnen allerdings ein Eduard Fraenkel[72], erkannten das Gesicht hinter der Maske. Sie abzustreifen, vermochte Gundolf selbst nicht mehr; im selben Jahr, 1930, in dem er in den Sitzungsberichten der Heidelberger Akademie der Wissenschaften, Philosophisch-historische Klasse, eine kleine philologische Pretiose erscheinen ließ[73], publizierte er bei Bondi eine Auswahl seiner Gedichte.[74] Ob mit der letzteren Geste ein fortbestehender Anspruch zur Geltung gebracht oder der Schlußstrich unter eine Doppelexistenz gezogen werden sollte, läßt sich nicht entscheiden. Feststeht, daß Gundolf sich damals verstärkt historischen Vorhaben zuwandte, darunter einer kleinen Porträtgalerie von Menschen, die, ohne allesamt »Große« im Sinn des Heroenkonzepts gewesen zu sein, historische Bedeutung nicht zuletzt dank den Sprachmonumenten, die sie geschaffen, besessen hatten. »Gundolf plante«, wie seine Witwe später schrieb, »eine Reihe von kritischen Abhandlungen über die Schriften von Männern, deren berufliche Tätigkeit außerhalb der Literatur lag. Autoren, die er dabei im Sinn hatte, waren der Prinz Eugen von Savoyen, Edmund Burke, Mirabeau. Nur zwei der geplanten Arbeiten kamen zur Ausführung: die erste, ›Bismarcks Gedanken und Erinnerungen als Sprachdenkmal‹, hat Gundolf als Vortrag gehalten und später veröffentlicht. Die zweite ist die [...] Arbeit ›Friedrich des Großen Schrift über die deutsche Literatur‹, die er 1931 diktiert, aber nicht mehr druckfertig gemacht hat.«[75] Erneut zeigt die Auswahl, welche Richtung Gundolfs historischer Sinn einschlug: er zielte auf das Wirksamwerden und die geschichtsbildende Kraft des Worts, hier der politischen Rede. Daß der historische Sinn Gundolfs unterdes eine Metamorphose durchlaufen hatte, welche im Mythenbildner wieder den Kritiker erwachen ließ, zeigte auch die Schärfe, mit der er Wolters geklitterte und aufgedonnerte »Staats«-Geschichte verurteilte.[76]

Die kritische Philologie war aber nur die eine Wurzel der Historie. Wichtiger erschien Gundolf deren Vermögen zur Welterschließung durch das Wort. Nichts verabscheute er mehr als totes Bildungswissen, Schreibstubenmuff: die gelehrten Kompilatoren der Barockzeit bekamen seinen Zorn zu spüren, an ihnen und ihresgleichen zu allen Zeiten entlud sich seine alttestamentarische Fluchgewalt. Um so mehr lobte er, von den frühen Rezensionen in den *Preußischen Jahrbüchern* bis zur letzten Heidelberger Vorlesung[77], die Erd- und Weltkundigen, die

Verfasser von Reiseberichten und erfahrungsschweren Memoiren, welche die Fenster der Geschichte zur Welt hin geöffnet hielten, als die echten Nachfahren Herodots. Darin fühlte er sich Montaigne nah, dem er in seinem *Caesar* wundervolle Seiten widmete, dem Montaigne der *Essais*, welcher schrieb, die Geschichtsschreiber seien seine liebste Lektüre, denn bei ihnen erscheine »der Mensch im Ganzen, um dessen Kenntnis es mir geht, lebenswahrer und voller als irgendwo sonst«[78]. Doch nicht alle Historiker hatten Geist und Sprachkraft besessen, wirkliche Anschauung zu übermitteln, und so sah Gundolf das oberste Kriterium der Beurteilung darin, ob der Historiker seinem Leser Welt gab oder Akten, Leben oder Lettern. Vielleicht liebte er Johannes von Müller am meisten für das dem seinen so ähnlichen Temperament, wenn dieser über schlechte Historie fluchte: »[...] saft- und kraftloses Formelnwesen, Stroh gibt sie uns, anstatt jener Kraftspeisen, welche die altmodische Historie, ich will nicht sagen, durch die Hand eines Thuans oder Grotius, nein, oft in Stadtchroniken darbot.«[79]

Daß diese Vorliebe für erfahrungsgesättigte, sprachkräftige Historiographie nicht nur der Vorliebe des Ästheten entsprach, machte der Autor der *Anfänge* mit deren ersten Sätzen deutlich, welche die »bildschaffende Kraft« der Historie in den Vordergrund rückten: Gundolf las die Schriften der Historiker als Teil der deutschen Literatur. Deshalb legte er an ihre Texte die Maßstäbe der Literaturgeschichte, ja der Literaturkritik an und stellte von neuem die Geschichts*schreibung* über die Geschichts*forschung* – was bei der eindeutigen Forschungsorientierung der deutschen Geschichtswissenschaft nach Mommsen einer klaren Absage an diese gleichkam. Aber da Gundolf Literaturwissenschaftler war, konnte er es sich leisten, die Leute vom anderen Fach zu verprellen. Was es kostete, solche Präferenzen innerhalb der Profession zu behaupten, erfuhr zur gleichen Zeit Ernst Kantorowicz, der, um seiner »Schreibung« der Geschichte Friedrichs II. die fachliche Reputation zu erzwingen, ihr einen Ergänzungsband »Forschung« hinterdrein schicken mußte.

Aus Gundolfs Feder kannte man dergleichen Dinge seit langem. Bereits im *Caesar* war zu lesen, der Historiker sei der »Hüter der Bildung«, und schon zu *Jahrbuch*-Zeiten hatte es geheißen, die Aufgabe des Historikers sei nicht, Fakten zu erforschen und Wissen zu vermitteln, sondern wirksame Bilder zu entwerfen. Für Gundolf, der beständig in Bildern dachte, lag hier der Punkt, an dem sich alle Kreise schnitten und auf den hin die Linien des historischen Projekts »Bildung« konvergierten – in der *Bildwerdung*. Allerdings war, als er die *Anfänge* schrieb, seine Auffassung von Bildung nicht mehr dieselbe wie noch unter der Ägide Georges. Neue Inhalte waren hinzugekommen – und neue Mitwirkende.

Der in London aufbewahrte Nachlaß Friedrich Gundolfs umfaßt drei ungedruckte, aber, wie bei Gundolf üblich, druckreife Manuskripte, die sachlich und chronologisch so eng ineinandergreifen, daß es schwerfällt, der Datierung, die von Elisabeth Gundolfs Hand stammt und zwischen zweien von ihnen und dem dritten einen zeitlichen Abstand von zwanzig Jahren annimmt, ganz zu folgen. Möglich ist es freilich, daß sich die inhaltliche Kongruenz daraus erklärt, daß Gundolf auch hier auf eigene, früher gelegte Fährten rekurrierte. Die Linien, denen diese Fährten folgen, verlaufen allesamt durch die Geschichte bzw. Frühgeschichte der deutschen Bildung.[80] In dem Manuskript »Deutsche Bildung von Luther bis Lessing« gibt Gundolf eine klare Definition dessen, was er unter »Bildung« versteht: »[...] ich verstehe [...] unter Bildung nicht die Summe des Geschmacks oder der Wissensgüter, sondern eine Aktion, einen einheitlichen Lebensprozess der allen geistigen Tätigkeiten und Disziplinen der Epoche zugrundeliegt, und in mannigfachen Abstufungen an den verschiedensten Produkten sich offenbart«.[81] Wenige Zeilen weiter differenziert er zwischen Kulturgeschichte und Bildungsgeschichte: »Kulturgeschichte ist im weitesten Sinn die Geschichte des menschlichen Hervorbringens und Sichbenehmens selbst, insofern allen anderen Disziplinen übergeordnet, die sich mit menschlichen Leistungen abgeben [...] Ihr kommt es also nicht auf die individuellen Gebilde als Gebilde an, sondern auf die Prozesse selbst. Bildungsgeschichte ist ihr darin analog, nur erstreckt sie sich nicht auf den Menschen überhaupt, bloss auf den geistig produktiven und empfänglichen Menschen«.[82] Und auch die Differenz zur Geistesgeschichte wird knapp umrissen: »Zwischen Bildungsgeschichte und Geistesgeschichte ist weniger ein Unterschied des Gebiets als der Methode. Bildungsgeschichte sieht im Geist mehr ein Wirkendes, Wollendes, Aktives, Geistesgeschichte mehr ein Gewirktes, Hervorgebrachtes, Passives.«[83]

Doch erst das Manuskript von Gundolfs letzter Vorlesung, »Deutsche Literatur in der Reformationszeit«, bringt, während es noch die Gründe dafür nennt, warum die Literaturgeschichte dieser Zeit nicht umhin kann, historiographische Texte einzubeziehen, andere Träger der Bildung ins Spiel. Die Anfänge der deutschsprachigen Bildung sind nicht allein Heroenwerk. Gundolf läßt mit einem Mal andere Agentennetze sichtbar werden: »[...] die deutsche Literatur der Reformationszeit ist ein Ganzes von Sprachdenkmalen, welche anderen Zwecken dienen als eigentliche Literaturwerke, und eben darum, weil wir es hier mit Sprachdenkmalen, nicht mit Kunstschöpfungen, mit dichterischem Ausdruck von Einzelseelen, sondern fast durchgehends mit Massenzwecken und Massenstimmen zu tun haben, müssen wir auch die untersten Aeusserungen des damaligen deutschen Wesens in den Kreis der Literaturbetrachtung ziehen. Damals ist die Zeit, dass auch die Masse als solche eine Stimme und Sprache im Schrifttum bekommen hat: schon dadurch bildet sie Epoche in der Geistesgeschichte.«[84]

Gundolfs Bildungsgeschichte ist, dies zieht sich wie ein roter Faden durch seine gedruckten Werke und seine Vorlesungen, die Geschichte einer Volks-Bildung. Was wiederum im doppelten Sinn eines Genitivus subjectivus und objectivus zu verstehen ist: sie ist die Geschichte einer Erziehung und Belehrung des deutschen Volkes durch seine Dichter und Denker, durch seine Sprachmeister in allen Gattungen der »Literatur«; sie ist aber auch die Bildung der Deutschen zu einem Volk und zu einer Nation. Und dieser zweite Bildungsprozeß kommt nicht allein durch geistige, intellektuelle Erziehung zustande; er verlangt auch eine Erziehung der Herzen. Bildung bedeutet hier die Ausbildung gemeinsamer Muster des Fühlens und Leidens, eines gemeinsamen *Pathos*. Auch diese Bildungsgeschichte ist immer noch eine Sprach-Geschichte, doch sie handelt von der wirksamsten aller Sprachen, derjenigen der Leidenschaft. Ihrem innersten Interesse nach ist Gundolfs deutsche Bildungsgeschichte somit eine Volks-Geschichte. Doch sie ist das genaue Gegenteil einer völkischen Geschichte. Sie beschreibt die Geschichte einer Volkwerdung durch Bildung, d. h. durch Schaffung und Formung kollektiver Empfindlichkeit im Medium der Literatur. »Ein Volk entsteht und besteht nicht durch biologische Bande, [...] sondern durch ein [...] gemeinsames Pathos«, hieß es bereits auf den ersten Seiten des Shakespearebuchs von 1911.[85] Ist es verfehlt, in dieser dichten Verbindung von Sprache, Bildung und Volksgeschichte, welche sich in der Schaffung kollektiver »Pathosformeln« realisiert, eine jüdische, nein: eine deutsch-jüdische Denkfigur zu erblicken – das Denkmotiv eines Intellektuellen, der von Brentano und Heine sagte, sie hätten »aus ihrer Halbfremdheit die Sehnsucht, aus ihrer Sehnsucht das leidenschaftliche Mitschwingen und Eindringen« errungen?[86]

Gundolfs Geschichte der Volks-Bildung war indes nicht mehr auf den nationalen Rahmen angewiesen. Mit der Befreiung von der »Staats«-Ideologie ging für ihn die Wiedergewinnung der europäischen Dimension einher. Schon der *Caesar* war ein durch und durch europäisch gedachtes Buch; anders als in der Dissertation ging es darin nicht mehr um Caesar *in der deutschen Literatur*. Doch eben diese transnationalen Fundamente der Bildung und der Kultur Europas sah Gundolf immer stärker als gefährdet an. Einen seiner letzten Texte, die Rede zum 100. Todestag Goethes 1932, die er in Paris hätte halten sollen, beginnt er mit der Warnung, »der gesamteuropäische Humanismus, das heißt das Vertrauen in die Gnade und in das Verdienst des Menschen«, sei heute bedroht.[87] Wie skeptisch er die Chancen von Leuten seines Schlages, dem Verhängnis zu wehren, beurteilte, geht aus einem Brief an Erich von Kahler hervor, dem Gundolf im Oktober 1930 für seinen Artikel »Juden und Deutsche« in der *Europäischen Revue* dankt. Kahlers Aufsatz, schreibt Gundolf, sei »gerecht und einleuchtend für alle die ihn nicht mehr bedürfen – die Tragödie fast aller Sachen die wir schreiben. Vielleicht dass einer oder der andere der fanatisierten Rechts- oder Links-Knaben einen Nu stuzt, wenn er noch lesen kann.«[88]

Aus der Bemerkung von den »fanatisirten Rechts- oder Links-Knaben« spricht die Beunruhigung des alteuropäischen Bildungshüters, der Ernst Robert Curtius, Gundolf eng befreundet, zur gleichen Zeit wesentlich schärferen Ausdruck verlieh (*Deutscher Geist in Gefahr*, 1932). Bildungsbürgerliches Unbehagen angesichts der Politik, die zu treiben man verabscheut und die zu lenken man doch beansprucht, trieb in den Jahren um 1930 eine Reihe humanistischer Rettungs- und Widerstandsaktionen an. Doch nur wenige der beteiligten ›Geistespolitiker‹ gingen tatsächlich so weit, eine wie immer vage politische Programmatik zu entwickeln und an politischen Aktionisten zu vermitteln, wie es bei Leopold Ziegler und Edgar Julius Jung der Fall war. Die große Mehrzahl traf sich im pädagogischen Fundamentalismus eines »Dritten Humanismus« (dessen Etikett und wesentliche Programmteile von E. Spranger und W. Jaeger stammten), einem der letzten intellektuellen Auffanglager des konservativ-liberalen Bildungsbürgertums von Weimar.[89] Curtius, das Fähnlein der »Konservativen Revolution« schwenkend (das er von Hofmannsthal, nicht von der politischen Rechten übernommen hatte), dürfte in diesem ideologischen Teilspektrum eine mittlere Position bezeichnen, die eines aggressiven Bildungshumanismus, der seinen ohnmächtigen Zorn scheinbar gleichmäßig nach rechts und links entlud. Denn mochten die um 1930 verbreiteten Versuche, dem deutschen Geist einen europäischen Schwimmgürtel, bestehend aus Humanismus und Katholizität, umzulegen, auch die Intelligenz des liberalen Bürgertums ansprechen – politisch, massenpolitisch, waren sie längst jeder Wirkungsmöglichkeit beraubt. Gundolf, dem ohnehin keine Kraft und Zeit mehr zum Kämpfen blieb, hatte sich beizeiten schon in jener bildungsklösterlichen Geistfrömmigkeit eingerichtet, in die sich Curtius erst nach 1933 zurückziehen sollte. Dem politischen Sendungsbewußtsein eines Leopold Ziegler gegenüber äußerte sich Gundolf skeptisch.[90] Drei Monate vor seinem Tod schrieb Gundolf an C. H. Becker und lobte dessen Konzeption der historischen Übertragung durch »Contagion«.[91] Genau hierauf, auf »contagion«, dürfte sich auch die letzte Wirkungs-Hoffnung des Bildungshistorikers für seine Gegenwart, die politische Hoffnung eines spätbekehrten Aufklärers gerichtet haben: noch einmal möge die Vernunft ansteckend wirken.

Carl Heinrich Becker, der abwechselnd preußischer Staatssekretär und Kultusminister war (letzteres im Jahr 1921 und wieder von 1925 bis 1930), besaß die intellektuelle Flügelspanne, sich von seiner Herkunft aus einer kritischen Philologie, der Orientalistik, nicht daran hindern zu lassen, Friedrich Gundolf zu bewundern und 1920 den Versuch zu unternehmen, ihn an die Berliner Universität zu holen.[92] Im Jahr 1927 äußerte er sich in einem Aufsatz in der *Neuen Rundschau* über den Wandel des historischen Interesses, der sich, so Becker, an der Abwendung vieler Zeitgenossen von der kritischen Historie und umgekehrt am Erfolg der »künstlerischen Geschichtsdarstellungen« – explizit wird hier auf die Bücher des Georges-Kreises verwiesen – ablesen ließ. Die Gründe für diesen Wandel lagen nach Becker zum einen in der Unübersehbarkeit und Komplexität des Stoffes, zum anderen in der Problematik der historischen Methode: »Wir alle leben noch unter den Nachwirkungen des historischen Positivismus [...] Aber der Fetischismus der Tatsachen hat seinen Zauber verloren.«[93] Becker sah ganz richtig, daß es sich bei manchen von denen, die, von George herkommend, Historie und Philologie befehdeten, nicht um Feinde der Geschichte handelte, sondern um Gegner des historischen Positivismus. Ob die paradoxe Erkenntnissituation des theoretischen Geschichtsfeindes mit praktischen historischen Ambitionen, von der wir oben sprachen, nun die Voraussetzung oder vielmehr das Resultat dieser Abwendung vom Positivismus war – sie bot die Chance, dem historischen Bewußtsein manches von seiner Naivität zu nehmen und dafür einige neue Gegenstände und Probleme zu geben. Diese Chance hat Friedrich Gundolf erkannt und in beispielloser Weise genutzt. Daß er seine Erkenntnisse nicht in der Sprache des kritischen Diskurses ausbreitete, sondern unter hohen Tönen dichterischer Prosa mehr verbarg denn offenbarte, ist eine andere Sache. Sie freilich hat dazu geführt, daß Gundolf bei der kritischen Intelligenz der zweiten Jahrhunderthälfte keine Wirkung mehr entfalten konnte und von den Historikern und an historischer Methode Interessierten unentdeckt blieb. Wie unter einer dichten Schneedecke lag der historische Denker Friedrich Gundolf von seiner eigenen leichtfüßigen, doch dunkel tönenden und in ihrem Vokabular diskreditierten Prosa begraben.

Vielleicht ist die Zeit reif für einen neuen Versuch mit diesem wunderlichen Historiker und gedankenreichen Mann. Wie wenige andere, nicht nur zu seiner Zeit und nicht nur in seinem Land, hat er ein Gespür für die ›Realitäten‹ entwickelt, welche zwischen den Subjekten und den Objekten der historischen Erkenntnis, zwischen den Forschern der Gegenwart und den Menschen und Dingen der Vergangenheit stehen, sprachliche und ikonische Prägungen, Gedächtnis und Überlieferung. Nicht ein Feind der Historie spricht aus seinen Texten, sondern ein Feind jenes Positivismus der Historiker, der nicht sehen wollte, daß die ›Fakten‹ nicht diesseits der Überlieferung zu haben waren und die Historiographie nicht das Ganze des in den Sprachen lebendigen Gedächtnisses der Völker repräsentierte, sondern nur einen Teil davon – allerdings einen Teil, den er wie wenige andere Gattungen der Literatur kannte und liebte.

Anmerkungen

1 Zur Frage der Herausgeberschaft ebenso wie zur Schreibweise des Titels vgl. die »Editorische Notiz« am Schluß dieses Bandes. Für Auskünfte zur Rolle Edgar Winds bei der Herausgabe von Gundolfs Text danke ich Herrn Prof. Dr. Bernhard Buschendorf.

2 Zur Geschichte der Emigration der Bibliothek Warburg vgl. Dieter Wuttke, »Die Emigration der Kulturwissenschaftlichen Bibliothek Warburg und die Anfänge des Universitätsfaches Kunstgeschichte in England«, in: H. Bredekamp, M. Diers, Ch. Schoell-Glass (Hrsg.), *Aby Warburg. Akten des internationalen Symposions Hamburg 1990*, Weinheim 1991, S. 141–163.

3 Am 21.7.1933 schreibt Raymond Klibansky an Gertrud Bing, die sich in England aufhält, und berichtet ihr, daß er Gundolfs Bibliothek verpackt und versandt hat: »Ich habe am Dienstag meinen Schloßberg endgültig verlassen. 8 Bücherkisten und 4 andere Frachtsendungen kamen an die B. W. [= Bibliothek Warburg; U. R.], eine andere große Kiste ist an das Department of Manuscripts des British Museum adressiert.« (Warburg-Archiv, The Warburg Institute, London). Von Hamburg aus reisten diese Bücherkisten dann gemeinsam mit denen der Bibliothek Warburg im Dezember d. J. nach London; vgl. Anm. 6.

4 Aby Warburg an seine Frau Mary vom 16.4.29 aus Rom (Warburg-Archiv, The Warburg Institute, London). Und als Frede trotzdem an ihren Absichten festhält, schreibt Aby Warburg am 7.5.1929 aus Neapel einen Brief an seine Frau, aus dem Vertrautheit mit den Heidelberger Kreisen spricht: »Empfehlungen kann ich ihr geben an Hampe (vor dessen Frau muss sie sich, weil sie ein Herzensvampyr ist, in acht nehmen). Frau Jaspers (Schwester von Gust. Mayer) hat ihren zionistischen Charakter etwas zu sehr in der Auslage, obwohl sie mit dem Philosophen germanischer Natur Jaspers verheiratet ist. Meinen alten Freund Neumann soll sie nur hören und ihn vielleicht besuchen, er ist ein Kauz, aber ein sehr wertvoller. Prof. Hoffmann wird sie so kennen lernen. An Prof. Weber hätte ich ihr gern eine Karte mitgegeben, weil sie dadurch vielleicht Gelegenheit hätte, die excellente Marianne Weber (Frau vom verstorbenen grösseren Max Weber) kennen zu lernen.« Tatsächlich studierte Frede dann bei Gundolf und erwog sogar eine Promotion bei ihm, die aber durch seinen frühen Tod im Juli 1931 vereitelt wurde.

5 Am 25.10.1931 schreibt Elisabeth Gundolf an Fritz Saxl, und nachdem sie ihm für seine Teilnahme an der Beisetzung Gundolfs im Juli d. J. gedankt hat, fährt sie fort: »In schmerzlicher Deutlichkeit steigen die freudigen Tage vor einem Jahr empor, als Sie uns in die Geheimnisse des Planetariums einweihten und wir in der Espressobar Pläne schmiedeten... und vor zwei Jahren, als Sie uns die

Bibliothek zeigten – ein Glück, das sich nun nie mehr erneuern kann.«
(Warburg-Archiv, The Warburg Institute, London)

6 Saxl gebraucht diesen Ausdruck in seinem Brief an Klibansky vom 13.12.1933:
»Der Begriff des ›tragischen Transports‹ (vergl. Hölderlin zu Sophokles), der
mir bisher nur abstrakt bekannt war, ist mir nun zu einer mit vielen Kisten
erfüllten Anschauung geworden. Unter diesen Kisten, die seit dieser Nacht
schwimmen, befindet sich auch Deine Leihgabe. [...] Die Abschriften der
Werke Deines Freundes G. sind in Kiste K6. Ich würde Dir empfehlen, beim
Auspacken dieser Kiste persönlich zugegen zu sein.« (Warburg-Archiv)

7 »Historiography. Introduction to an Unpublished Work: German Historians
from Herder to Burckhardt. By Friedrich Gundolf«, in: *Philosophy and
History. Essays presented to Ernst Cassirer*, hrsg. von R. Klibansky und
H. J. Paton, Oxford 1936, S. 277–282.

8 F. Gundelfinger [d. i. Gundolf], *Caesar in der deutschen Literatur*, Phil. Diss.
Berlin 1903; als Buch erschienen Berlin und Leipzig 1904, hier S. 2.

9 *Caesar...*, a. a. O., S. 3.

10 *Caesar...*, a. a. O., S. 1.

11 Gerd Zöfel spricht sehr schön von dem »Zug ins Futurische«, welcher der
Gundolfschen Wirkungsgeschichte eigen sei; vgl. G. Zöfel, *Die Wirkung des
Dichters: Mythologie und Hermeneutik in der Literaturwissenschaft um
Stefan George*, Frankfurt/M. 1987, S. 182.

12 *Preussische Jahrbücher* 127, 1907, I, S. 518.

13 *Preussische Jahrbücher* 127, 1907, I, S. 513.

14 *Preussische Jahrbücher* 133, 1908, I, S. 338, in seiner Besprechung des ersten
Bandes von G. Mischs *Geschichte der Autobiographie*. Bereits hier sei auf die
Analogien zur Konzeption des »punctum« in Roland Barthes' Theorie der Fo-
tografie (*Die helle Kammer*, 1985) sowie zu seinem Konzept des
»Biographems« (entwickelt in *Sade, Fourier, Loyola*, Frankfurt/M. 1974) hin-
gewiesen. Auch der Gegensatz von »punctum« und »studium« (siehe *Die helle
Kammer*, passim) findet ein gewisses Gegenstück in Gundolfs berühmter, angeblich von Hermann Nohl inspirierter Opposition von »Urerlebnis« und »Bildungserlebnis«. Daß es zu diesen und anderen verblüffenden Ähnlichkeiten –
bei allen grundsätzlichen Differenzen des Geistesgeschichtlers und des Struk-
turalisten hinsichtlich der Subjekt-Problematik – kommen kann, liegt daran,
daß beide versuchen, von der Basis des irreduzibel Besonderen her eine Theorie
der ästhetischen Erfahrung zu begründen.

15 *Preussische Jahrbücher* 128, 1908, II, S. 218.

16 Das gilt nicht für die frühen Studien und Dissertationen zur Historiographie
des George-Kreises: V. Pihertová, »Zur Geschichtsforschung des George-
Kreises«, in: *Xenia Pragensia. Ernesto Kraus septuagenario et Josepho Janko
sexagenario*, Prag 1929, und H. Frenzel, *George-Kreis und Geschichtswissenschaft*, Phil. Diss. Leipzig 1932, die jedoch noch an zu großer zeitlicher
(Frenzel) oder ideologischer (Pihertová) Nähe zu ihrem Gegenstand leiden.

17 F. Gundolf, *Dichter und Helden*, Heidelberg 1921. Der schmale Band besteht
aus drei Texten, darunter »Dichter und Helden«, eine erweiterte Fassung der
»Vorbilder« aus dem *Jahrbuch*, 3, 1912; hier S. 44.

18 F. Gundolf, »Vorbilder«, in: *Jahrbuch für die geistige Bewegung*, 3, 1912, S. 2.

19 »Vorbilder«, a. a. O., S. 5.

20 Vgl. »Vorbilder«, a. a. O., S. 3: »Nichts andres ist die Geschichte: die Wechselwirkung der schöpferischen und der empfänglichen Menschen.«

21 »Vorbilder«, a. a. O., S. 6.

22 *Ebda.*

23 *Dichter und Helden*, a. a. O., S. 49.

24 *Dichter und Helden*, a. a. O., S. 47.

25 F. Gundolf, *Shakespeare und der deutsche Geist*, Berlin 1911, S. VIIf.

26 *Shakespeare und...*, a. a. O., S. 351.

27 *Shakespeare und...*, a. a. O., S. 352.

28 Zu Gundolfs Bergson-Rezeption und Georges Widerstand dagegen vgl. G. R. Urban, *Kinesis und Stasis. A Study in the Attitude of Stefan George and his Circle to the Musical Arts*, s'Gravenhage 1962, S. 30ff., sowie G. Zöfel, *Die Wirkung...*, a. a. O., S. 92ff.

29 G. Zöfel, *Die Wirkung...*, a. a. O., S. 183.

30 Vgl. dazu E. Troeltsch, »Die Revolution in der Wissenschaft«, in: Ders., *Gesammelte Schriften*, Band 4: *Aufsätze zur Geistesgeschichte und Religionssoziologie*, hrsg. von H. Baron, Tübingen 1925, S. 653–677.

31 Gegen M. Weber, »Wissenschaft als Beruf« in *Geistige Arbeit als Beruf*, München und Leipzig 1919, polemisiert E. von Kahler, *Der Beruf der Wissenschaft*, Berlin 1920; auf ihn wiederum repliziert A. Salz, *Für die Wissenschaft. Gegen die Gebildeten unter ihren Verächtern*, München 1921. Die gesamte Kontroverse reflektiert E. Troeltsch, »Die Revolution...« Wie ein Präludium zu diesem Streit wirkt derjenige zwischen Wolters und Vallentin einerseits, ihrem Lehrer Kurt Breysig andererseits; vgl. M. Landmann, »Um die Wissenschaft«, in: *Castrum Peregrini* 42 (Sonderheft K. Breysig), S. 65–90.

32 Vgl. B. Böschenstein, »Gundolf als ästhetischer Polemiker«, in: *Euphorion* 75, 1981, S. 130–141. Auf die Tatsache, dass Gundolf seine Begriffe stets aus dem Gegenbegriff entwickelt, weist bereits H.-P. Gente hin: »Über Friedrich Gundolf. Ein Beitrag zur Ideologiekritik des George-Kreises«, in: *Philologia pragensia*, 48, 4/1966, S. 374–395, hier S. 381.

33 E. von Kahler, *Stefan George. Grösse und Tragik*, Pfullingen 1964, hier vor allem S. 20–25.

34 Zum Topos vom »Wissenschaftskünstler« Friedrich Gundolf vgl. E. Osterkamp, »Friedrich Gundolf zwischen Kunst und Wissenschaft. Zur Problematik eines Germanisten aus dem George-Kreis«, in: Ch. König, E. Lämmert (Hg.), *Literaturwissenschaft und Geistesgeschichte 1910–1925*, ersch. Frankfurt/M. 1993.

35 Der Komplex George und die Wissenschaft ist leider wissenschaftssoziologisch wenig untersucht. Hinweise auf die Rolle der Georgeaner im Wissenschaftsbetrieb der Weimarer Zeit geben W. Lepenies, *Die drei Kulturen. Soziologie zwischen Literatur und Wissenschaft*, München 1985, S. 342ff.; M. Landmann, »Um die Wissenschaft«; E. Rothacker, *Heitere Erinnerungen*, Frankfurt/M. und Bonn 1963, S. 64ff.; H. N. Fügen, »Zur literarischen Strategie und Diffusion des George-Kreises«, in: Ders., *Dichtung in der bürgerlichen Gesellschaft*, Bonn 1972, S. 51–64.

36 Zu der gescheiterten Berufung Gundolfs nach Berlin vgl. W. Höppner, »Eine Institution wehrt sich. Das Berliner Germanische Seminar und die deutsche Geistesgeschichte«, in: Ch. König, E. Lämmert (Hg.), *Literaturwissenschaft...* Gundolf selbst teilt am 27.4.1920 C. H. Becker seinen Entschluß mit, den Ruf nach Berlin nicht anzunehmen, und nennt als Grund u. a. die zu erwartenden Widerstände der Fakultät als »eine Gesamtatmosfäre, die übergreift«, und die ihm die saubere Luft verderben würde, deren er zum Schaffen bedürfe. (Geheimes Staatsarchiv Preußischer Kulturbesitz, Berlin, Rep. 92, C. H. Becker 555).

37 Vgl. A. Assmann, *Arbeit am kulturellen Gedächtnis. Der deutsche Bildungsdiskurs im 19. und 20. Jahrhundert*, ersch. Frankfurt/M. 1993

38 Sehr schön benennt A. Assmann, a. a. O., die Gegensatzpaare (zentral vs. peripher; einheitlich vs. zersplittert; verbindlich vs. beliebig; energetisch vs. statisch), mittels derer, das neue, synthetische ›Liebeswissen‹, als das sich die neue, ganzheitliche Bildung präsentiert, seine Konzepte darzustellen versucht.

39 E. Troeltsch, »Die Revolution...«, a. a. O., S. 658.

40 Eine sehr sensible Nachzeichnung dieser Hermeneutik bietet G. Zöfel, *Die Wirkung...*, a. a. O., S. 148 ff.

41 Zu Gundolfs »Caesar-Tick«, wie er selbst sagte, wenn er nicht von seinen »absurden Monomanien« sprach, vgl. V. A. Schmitz, *Gundolf. Eine Einführung in sein Werk*, Düsseldorf 1965, S. 122 f.

42 F. Gundolf, »Wesen und Beziehung«, in: *Jahrbuch für die geistige Bewegung*, 2, 1911, S. 17.

43 Vgl. J. Starobinski, *Rousseau. Eine Welt von Widerständen*, München 1988.

44 Gundolfs Vortragsstil ist öfters beschrieben worden, besonders plastisch von D. Sternberger, »Einige Striche zu einem Portrait«, in: *Euphorion*, 1981, S. 127–129, und R. Wellek, »The Literary Criticism of Friedrich Gundolf«, in: *Contemporary Literature*, IX, 3, S. 394–405, hier S. 394. Zum Widerstand der Berliner Fakultät vgl. W. Höppner, »Eine Institution wehrt sich...«, a. a. O.

45 Vgl. C. David, *Stefan George. Sein dichterisches Werk*, München 1967, S. 382 ff.

46 R. Boehringer, *Mein Bild von Stefan George*, Bd. 1, S. 116; die Abb. dazu in Bd. 2, T 88.

47 R. Boehringer, *Mein Bild...*, a. a. O., Bd. 2, T 151.

48 E. Salin, *Um Stefan George*, Godesberg 1948, S. 30 f.

49 *Shakespeare. Sein Wesen und Werk*, 2 Bde., Berlin 1928, Bd. 2, S. 15.

50 Vgl. etwa Gundolf, *Caesar. Geschichte seines Ruhms*, Berlin 1924, S. 180 ff. und 235 f.

51 *Caesar im XIX. Jahrhundert*, Berlin 1926, S. 358.

52 Vgl. *Romantikerbriefe*, hrsg. von F. Gundelfinger, Jena 1907, S. 7.

53 Was vielen Lesern des Buches bis heute entgeht; vgl. etwa die kritische und kenntnisreiche Darstellung von Ines Stahlmann, »Täter und Gestalter. Caesar und Augustus im Georgekreis«, in: K. Christ und E. Gabba (Hrsg.), *Caesar und Augustus*, Biblioteca di Athenaeum 12, Como 1989; V. Pöschl, »Gundolfs Caesar« in: *Euphorion* 75, 1981, S. 204–215, liest das Buch mit größerer Sympathie und hebt interessante Aspekte des Ruhmes-Themas und der Caesar-Ikonographie hervor, begibt sich aber jeder kritischen Distanz.

54 *Caesar. Geschichte...*, a. a. O., S. 43.

55 *Caesar. Geschichte...*, a. a. O., S. 51.
56 *Caesar. Geschichte...*, a. a. O., S. 68.
57 Vgl. *Caesar. Geschichte...*, a. a. O., S. 339.
58 *Caesar. Geschichte...*, a. a. O., S. 7.
59 Vgl. M. Gelzers Besprechung von Gundolfs *Caesar. Geschichte seines Ruhmes*, in: Ders., *Kleine Schriften*, Bd. 2, Wiesbaden 1963 S. 338.
60 Vgl. F. Gundolf, *Goethe*, Berlin 1916, S. 6f.
61 Der Einfluß Georges auf Claus von Stauffenberg und einige der mit ihm verbundenen Attentäter, den Autoren wie F. von Schlabrendorff, *Offiziere gegen Hitler*, Zürich 1946, E. Zeller, *Geist der Freiheit. Der Zwanzigste Juli*, 4. Aufl. München 1963, und J. Kramarz, *Claus Graf Stauffenberg*, Frankfurt/M. 1965, stark betonen, wird von H. Raschel, *Das Nietzsche-Bild im George-Kreis. Ein Beitrag zur Geschichte der deutschen Mythologeme*, Berlin 1984, heftig bestritten.
62 Zu den Monographien des Kreises, den sogen. »Geistbüchern« oder »Staatsbüchern«, vgl. M. Winkler, *George-Kreis*, Stuttgart 1972, S. 93 ff.
63 Stefan George und Friedrich Gundolf, *Briefwechsel*, hrsg. von R. Boehringer mit G. P. Landmann, Düsseldorf und München 1962, S. 30.
64 Vgl. B. Vallentin, »Gespräche mit Stefan George, 1902–1931«, in: *Castrum Peregrini* 44–45, 1960, S. 68.
65 Vgl. M. Landmann, »Stefan George, Erinnerungen und Interpretationen«, in: *Neue Deutsche Hefte*, 3/1968, S. 3–32, hier S. 19: »Die geringere Wirkung von Gundolfs zweitem Shakespearebuch gegenüber seinem ersten, so sagte mir George einmal, beruhe darauf, daß Gundolf inzwischen Freud gelesen habe.«
66 Vgl. F. Gundolf, *Frank Wedekind*. Aus dem Nachlaß hrsg. von Elisabeth Gundolf, München 1954.
67 Vgl. H. von Hofmannsthal, »Das Schrifttum als geistiger Raum der Nation«, in: *Gesammelte Werke in Einzelausgaben*, Prosa IV, Frankfurt/M. 1955, S. 390–413.
68 Aus denen seine zwei letzten großen Bücher zu Lebzeiten, *Shakespeare. Sein Wesen und Werk*, 2 Bde., Berlin 1928, und *Romantiker*, Berlin 1930, hervorgingen.
69 Dem letzten großen Manuskript, das Gundolf vor seinem Tod bearbeitete, »Deutsche Literatur in der Reformationszeit« (Gundolf-Archiv Mss. 185b, M7), hat Elisabeth Gundolf einen Zettel beigefügt, wonach die S. 1–343 ca. 1913 entstanden sein sollen, S. 344–600 ca. 1923 und S. 601–710 im Jahr 1931. Inwieweit diese Datierung zutreffend ist, konnte ich nicht überprüfen.
70 F. Gundolf, *Dichter und Helden*, Heidelberg 1921, S. 49.
71 So lautete der Titel einer Polemik gegen die Altphilologie, die Ludwig Hatvany 1907 publizierte.
72 A. Momigliano erwähnt dies in seinem Nachruf auf Fraenkel; vgl. *Quinto Contributo* 5,2, Rom 1975, S. 1027.
73 F. Gundolf, »Seckendorffs Lucan«, in: *Sitzungsberichte der Heidelberger Akademie für Wissenschaften, Phil.-hist. Klasse. 1930/31*. 2. Abhandlung, Heidelberg 1931.
74 F. Gundolf, *Gedichte*, Berlin 1930.

75 Elisabeth Gundolf, Vorbemerkung zu F. Gundolf, *Friedrich des Großen Schrift über die deutsche Literatur*, Zürich 1947. Der Vortrag »Bismarcks Gedanken...«, den Gundolf vor seinem Tod noch selbst publizierte (*Europäische Revue* 7, 1931), findet sich auch in dem Auswahlband F. Gundolf, *Beiträge zur Literatur- und Geistesgeschichte*, Heidelberg 1980.

76 Nach dem Erscheinen von F. Wolters, *Stefan George und die Blätter für die Kunst. Deutsche Geistesgeschichte seit 1890*, Berlin 1930, schrieb Gundolf an K. Wolfskehl, dieses Machwerk sei »nicht in der Wahrheit, auch der erreichbaren nicht«; Karl u. Hanna Wolfskehl, *Briefwechsel mit Friedrich Gundolf 1899–1931*, hrsg. von Karlhans Kluncker, 2 Bde., Amsterdam 1977, Bd. 2, S. 199.

77 Vgl. das Manuskript »Deutsche Literatur in der Reformationszeit« (s. Anm. 69), das sich an etlichen Stellen mit dem Text der *Anfänge der deutschen Geschichtsschreibung* überschneidet.

78 Montaigne, *Essais* II, 10: »Über die Bücher«, hier zit. nach der Übers. von H. Lüthy: Michel de Montaigne, *Essais*, Zürich 6. Aufl. 1985, S. 397. Vgl. auch die Seiten, die der Gundolf-Schüler Hugo Friedrich dem Thema widmet: H. Friedrich, *Montaigne*, Bern 1949, S. 246 ff.

79 Joh. von Müller, zit. nach F. Gundolf, »Ein Aufsatz Schellings«, in: *Preussische Jahrbücher* 130, 1907, IV, S. 205.

80 Vgl. die drei großen ungedruckten (Vorlesungs-)Manuskripte im Nachlaß Friedrich Gundolfs (Gundolf-Archiv, London):
    - »Deutsche Geistesgeschichte von Luther bis Nietzsche« (185 b) [ca. 1911];
    - »Deutsche Bildung von Luther bis Lessing« (29 a) [ca. 1911];
    - »Deutsche Literatur in der Reformationszeit« (185 b) [ca. 1913 / ca. 1923 / 1931]. Die Jahreszahlen in den eckigen Klammern geben die Datierung von Elisabeth Gundolfs Hand. Worauf sich E. G. bei dieser Datierung stützte, ist mir nicht bekannt.

81 Ms. 29 a (vgl. Anm. 80) M 19, S. 3.

82 Ms. 29 a, S. 4.

83 Ms. 29 a, S. 5.

84 Ms. 185 b, M 7, S. 6.

85 *Shakespeare und der deutsche Geist*, a.a.O., S. 4.

86 F. Gundolf, *Romantiker*, S. 306; diese Passage zitiert auch Wera Lewin in ihrem bemerkenswerten Aufsatz »Die Bedeutung des Stefan-George-Kreises für die deutsch-jüdische Geistesgeschichte«, in: *Yearbook of the Leo Baeck Institute* VIII, 1963, S. 184–213, hier S. 206; zur »Bildung« als einem zentralen Thema deutsch-jüdischer Geistesgeschichte vgl. G. L. Mosse, *Jüdische Intellektuelle in Deutschland. Zwischen Religion und Nationalismus*, Frankfurt/M. 1992.

87 F. Gundolf, *Rede zu Goethes hundertstem Todestag*. Hrsg. von Elisabeth Gundolf, Berlin 1932, S. 7.

88 F. Gundolf an E. von Kahler, 20. 10. 1930, in: »Aus dem Briefwechsel Erich von Kahler / Friedrich Gundolf«, mitgeteilt von K.-G. Pott, *Deutsche Akademie für Sprache und Dichtung, Jahrbuch 1978*, Heidelberg 1978, S. 84–97, hier S. 97.

89 Vgl. die späte Programmschrift von L. Helbing, *Der dritte Humanismus*, Berlin 1932; zur Verbindung von Georgeanern und »Drittem Humanismus«, vor

allem nach 1933, vgl. Th. Karlauf, »›Castrum Peregrini‹. Stationen der Vorgeschichte«, in: *Castrum Peregrini* 150, 1981, S. 24–58.

90 Vgl. den Brief F. Gundolfs vom 17.1.1931 an L. Ziegler, in: F. Gundolf, *Briefe.
   Neue Folge*, Amsterdam 1965, S. 259 ff.

91 F. Gundolf im Brief vom 7.4.1931 an C. H. Becker; Geheimes Staatsarchiv
   Preußischer Kulturbesitz, Berlin, Rep. 92 C. H. Becker 555.

92 Zu C. H. Becker vgl. E. Wende, *C. H. Becker. Mensch und Politiker. Ein bio-
   graphischer Beitrag zur Kulturgeschichte der Weimarer Republik*, Stuttgart
   1959, sowie W. W. Wittwer, »C. H. Becker«, in: *Berlinische Lebensbilder.
   Wissenschaftspolitik in Berlin*, hrsg. von W. Treue und K. Gründer, Berlin 1987,
   S. 251–267; zur Berufung Gundolfs durch Becker den bereits genannten
   Aufsatz von W. Hoepner sowie W. Lepenies, *Die drei Kulturen*, a. a. O., S. 329.
   Herrn Prof. Dr. h. c. Hellmut Becker sei an dieser Stelle herzlich gedankt für die
   Erlaubnis, den Nachlaß seines Vaters im Geheimen Staatsarchiv Berlin konsul-
   tieren zu dürfen.

93 Vgl. C. H. Becker, »Der Wandel des geschichtlichen Bewußtseins«, in: *Die
   Neue Rundschau*, 38, 2/1927, S. 115 f.

Editorische Notiz

Das unter dem Titel *Anfänge der deutschen Geschichtschreibung* 1938 bei Elsevier veröffentlichte Fragment ist der Anfang eines größeren Buches *Deutsche Geschichtsschreiber von Herder bis Burckhardt*, das Gundolf kurze Zeit vor seinem Tode zu schreiben begonnen hatte.

Edgar Wind hat die Funktion des Herausgebers offenbar erst zu einem späten Zeitpunkt übernommen. Noch im Vorwort des nach Gundolfs Handschrift (Gundolf Archiv I A 26a M 16) angefertigten Typoskripts (26a M 17) ist von »der Herausgeberin« die Rede, was erst später handschriftlich korrigiert wurde. Offenbar zur gleichen Zeit erfolgte auf dem Titelblatt des Typoskripts, das Elisabeth Gundolf als Herausgeberin auswies, der handschriftliche Zusatz »und Edgar Wind«. Erst auf dem Titelblatt der gedruckten Ausgabe firmiert Wind allein, während das Vorwort immer noch von »den Herausgebern« spricht.

Die »Korrekturen und Kürzungen«, von denen im Vorwort die Rede ist, sind wohl zahlreich, aber nicht gravierend, da sie im wesentlichen dazu dienen, den Vorlesungscharakter des Texts zurückzudrängen.

Die vorliegende Neuausgabe folgt der Druckgestalt der Elsevier-Ausgabe, die Gundolfs grammatische und orthographische Eigentümlichkeiten, so die durchgängige Verwendung von *ss* statt *ß*, respektierte. Nur die *sz* an den Wortenden (*musz*; *musz*) wurden, wie es auch Gundolfs Handschrift entspricht, durch *ß* ersetzt – in der Annahme, daß es sich hier um eine typographische Abweichung handelt, die dem holländischen Druckort geschuldet ist. Schwieriger war die Entscheidung im Fall des getilgten Dehnungs-*s* im Titel und im Text (»Geschichtschreibung«). Da jedoch in Gundolfs Handschrift das zweite *s* stets mitgeführt wird und auch der – von der Herausgeberin? den Herausgebern? – bearbeitete Text der Druckfassung das Dehnungs-*s* nicht völlig konsequent unterdrückt, habe ich mich für die Rückkehr zur konventionellen Schreibweise (»Geschichtsschreibung«) entschieden.

Auch im Namen des Verlags möchte ich an dieser Stelle Herrn Prof. Dr. Claus Victor Bock für die Erlaubnis danken, den Nachlaß Friedrich Gundolfs im Gundolf-Archiv des Institute of Germanic Studies der Universität London einsehen zu dürfen.

U. R.

Kulturgeschichte

Philippe Ariès,
André Béjin,
Michel Foucault u. a.
**Die Masken des
Begehrens und die
Metamorphosen
der Sinnlichkeit**
Zur Geschichte
der Sexualität
im Abendland
Band 7357

Peter Burke
Vico
Philosoph, Historiker,
Denker einer
neuen Wissenschaft
Band 10284

Gerrit Confurius
**Sabbioneta oder
Die schöne Kunst
der Stadtgründung**
Band 10532

Eduard Fuchs
**Illustrierte
Sittengeschichte**
Sechs Bände
in farbiger
Schmuck-Kassette
Ausgewählt und
eingeleitet von
Thomas Huonker
Kassette: Bd. 4330
Die Bände sind auch
einzeln erhältlich:
**Band 1:
Renaissance I**
Band 4331

**Band 2:
Renaissance II**
Band 4332

**Band 3:
Die galante Zeit I**
Band 4333

**Band 4:
Die galante Zeit II**
Band 4334

**Band 5:
Das bürgerliche
Zeitalter I**
Band 4335

**Band 6:
Das bürgerliche
Zeitalter II**
Band 4336

Peter Gay
**Die Republik
der Außenseiter**
Geist und Kultur
in der Weimarer
Zeit 1918–1933
Band 4378

Carlo Ginzburg
**Erkundungen
über Piero**
Piero della Francesca,
ein Maler der
frühen Renaissance
Mit einer Einleitung
von Martin Warnke
Band 10334

Fischer Taschenbuch Verlag

fi 1703 / 1 a

Kulturgeschichte

Hermann Glaser
**Die Kulturgeschichte
der Bundesrepublik
Deutschland**
Drei Bände in
Kassette: Bd. 10530
Die Bände sind auch
einzeln erhältlich:

**Band 1: Zwischen
Kapitulation und
Währungsreform**
(1945–1948). Band 10527

**Band 2: Zwischen
Grundgesetz und
Großer Koalition**
(1949–1967). Band 10528

**Band 3: Zwischen
Protest und
Anpassung**
(1968–1989). Band 10529

Rebekka Habermas,
Walter H. Pehle (Hg.)
**Der Autor,
der nicht schreibt**
Über den Bücher-
macher und das Buch
(Festschrift für Günther
Busch). Band 4444

Jost Hermand
**Grüne Utopien
in Deutschland**
Zur Geschichte des
ökologischen Bewußt-
seins. Band 10395

Jost Hermand,
Frank Trommler
**Die Kultur der
Weimarer Republik**
Band 4397

Maurice Lombard
Blütezeit des Islams
Eine Wirtschafts- und
Kulturgeschichte
8.–11. Jahrhundert
Band 10773

Herfried Münkler
Machiavelli
Die Begründung des
politischen Denkens
der Neuzeit aus der
Krise der Republik
Florenz. Band 7342

Wolfgang Schivelbusch
**Geschichte der
Eisenbahnreise**
Zur Industrialisierung
von Raum und Zeit
im 19. Jahrhundert
Band 4414

Lichtblicke
Zur Geschichte der
künstlichen Hellig-
keit im 19. Jahrhundert
Band 4341

**Das Paradies,
der Geschmack
und die Vernunft**
Eine Geschichte
der Genußmittel
Band 4413

Jean Starobinski
**Kleine Geschichte
des Körpergefühls**
Mit einer Einleitung
von Hans Robert Jauß
Band 10523

Fischer Taschenbuch Verlag

Fischer Wissenschaft
Eine Auswahl

Alfred Lorenzer
Das Konzil
der Buchhalter
Die Zerstörung der
Sinnlichkeit
Eine Religionsgeschichte
Band 7340

Bronislaw Malinowski
Magie, Wissenschaft
und Religion /
Und andere Schriften
Band 7335

Das Denken des
Marquis de Sade
Mit Beiträgen von
Roland Barthes, Hubert
Damisch, Pierre Klossowski,
Philippe Sollers,
Michel Tort
Band 7413

Sergio Moravia
Beobachtende Vernunft
Philosophie und
Anthropologie in
der Aufklärung
Band 7410

Herfried Münkler
Machiavelli
Die Begründung des
politischen Denkens
der Neuzeit aus der
Krise der Republik
Florenz
Band 7342

Jean Piaget
Biologie und Erkenntnis
Über die Beziehungen
zwischen organischen
Regulationen und
kognitiven Prozessen
Band 7333

Marthe Robert
Das Alte im Neuen
Von Don Quichotte
zu Franz Kafka
Band 7346

Viktor Šklovskij
Theorie der Prosa
Band 7339

Jean Starobinski
Montaigne
Denken und Existenz
Band 7411

Fischer Taschenbuch Verlag